Collection dirigée p

La Princesse de Clèves

Madame de Lafayette

> résumé analytique
>
> commentaire critique
>
> documents complémentaires

Alain Cantillon
Agrégé de Lettres modernes

© Éditions Nathan, 1989
ISBN 2.09.188601.7

Madame de Lafayette et *La Princesse de Clèves*

UN AUTEUR COLLECTIF

Qui est l'auteur de *La Princesse de Clèves* ? Nous n'avons aucune certitude. L'ouvrage est paru sans nom d'auteur, comme c'était alors souvent le cas, et Mme de Lafayette a fait là-dessus de multiples déclarations énigmatiques et contradictoires.

La qualité d'auteur, lorsque l'on appartenait à la bonne société, n'était pas quelque chose dont on pouvait se glorifier, et l'écriture, comme la lecture, était un jeu de salon. *La Princesse de Clèves* doit donc être considérée comme le roman d'un cercle, plutôt que comme celui d'un auteur. Y ont participé à divers titres Segrais, l'auteur des *Nouvelles françaises*, sous le nom de qui parut *Zaïde*, Huet, auteur du traité *De l'origine des romans*, publié dans l'édition originale de cette même *Zaïde*, et les deux amis intimes de Mme de Lafayette : Mme de Sévigné et M. de La Rochefoucauld. Nous savons en outre qu'avant sa parution le roman avait fait l'objet de beaucoup de lectures publiques dans les salons fréquentés par Mme de Lafayette et ses amis.

LE RÔLE DE MADAME DE LAFAYETTE

Il est certes fort séduisant de penser que ce roman ne peut avoir été écrit par quelqu'un d'autre qu'une femme, que seule une femme peut analyser avec autant de profondeur le cœur d'une femme. D'ailleurs, le XVIIe siècle a donné naissance a une très abondante littérature féminine, notamment romanesque, avec Madeleine de Scudéry et Mme de Villedieu. Mais on est allé trop loin dans l'identification de l'auteur avec l'héroïne. Aux XVIIIe et XIXe siècles, on a voulu voir en

Mme de Lafayette une femme d'une sensibilité extrême, maladive, se plaisant mal dans la société de cour. En fait, vers 1880, la découverte de sa correspondance avec son amie Madame royale, la régente de Savoie, révèle une femme de cour, impliquée dans les intrigues politiques du moment. C'est cette femme du monde, vivant dans la proximité des reines, qui est l'un des auteurs du roman, celui qu'a retenu la tradition. Mais il ne l'est que grâce à la collaboration de professionnels de la théorie et de la pratique du roman (Huet, Segrais), et à des conversations sur des sujets de morale, celles qui ont donné le jour à des livres de maximes, comme celui de La Rochefoucauld.

AUTRES ŒUVRES

L'œuvre de Mme de Lafayette est peu abondante : deux ouvrages d'historienne, publiés longtemps après sa mort, *L'Histoire de Mme Henriette d'Angleterre* et *Les Mémoires de la cour de France pour les années 1688 et 1689*, deux nouvelles que l'on peut considérer comme des ébauches de *La Princesse de Clèves* : *La Princesse de Montpensier* et *La Comtesse de Tende*, et deux romans, celui que nous étudions et *Zaïde*. Ce dernier texte a longtemps disputé à *La Princesse de Clèves* le titre de chef-d'œuvre de Mme de Lafayette. C'est un roman héroïque, dans lequel sont racontés de nombreux combats. L'action y est moins psychologique, plus extérieure que dans *La Princesse de Clèves*. Partant, une place plus large est laissée au hasard. Respectant la tradition du roman héroïque, Mme de Lafayette (Segrais), y montre un certain goût pour l'exotisme, pour les déguisements, les surprises, etc. Mais il est beaucoup plus court que les romans héroïques antérieurs, sa taille avoisinant celle de *La Princesse de Clèves*. D'ailleurs, il ne s'intitule pas « roman héroïque », mais « histoire espagnole », et l'auteur a fait pour ce roman le même effort de documentation que pour *La Princesse de Clèves*. Surtout, on a remarqué depuis le début des ressemblances stylistiques entre les deux romans qui semblent indiquer qu'il s'agit bien de deux tentatives différentes d'un même esprit pour renouveler le genre romanesque.

L'IMPORTANCE DES CO-AUTEURS

Segrais (Jean Regnault de) (1624-1701 ; de l'Académie française depuis 1672)
Dès 1657, il publie un recueil dont le titre permet, à lui seul, de comprendre pour quelle raison on le considère comme le précurseur du roman classique : *Les Nouvelles françaises.* L'un des personnages y oppose le roman qui peint les choses « comme la bienséance le veut et à la manière du poète [entendez du poète épique, comme Homère ou Virgile ou héroïque comme l'Arioste ou la Tasse] », et la nouvelle qui « doit un peu davantage tenir de l'Histoire et s'attacher plutôt à donner une image des choses comme d'ordinaire nous les voyons arriver [...] » Pour cela, une des conditions est de se référer à une période assez récente de l'histoire de France. On peut ainsi considérer que Mme de Lafayette (?) donne, vingt ans plus tard, la forme concrète parfaite qu'attendait cette théorie.

La Rochefoucauld (François, duc de) (1613-1680) ;
De 1664 à 1678, il publie cinq éditions de ses *Maximes*, chacune augmentant la précédente. Le frontispice (gravure sur la première page) de l'édition originale montre Sénèque (emblème de la philosophie stoïcienne au XVIIe siècle), en train d'ôter un masque de son visage, ce qui en dit long sur la portée morale de l'ouvrage : il s'agit de montrer à l'homme toute sa faiblesse, de le démasquer lorsqu'il veut, par exemple, faire preuve d'une grandeur d'âme insensée, comme M. de Clèves. De nombreuses maximes semblent des commentaires de *La Princesse de Clèves ;* l'une d'elles définit fort bien la différence de séduction qui existe entre M. de Nemours et M. de Clèves : « Il y a de certains défauts qui, bien mis en œuvre, brillent plus que la vertu même. »

REPÈRES

VIE ET ŒUVRE DE MADAME DE LAFAYETTE	ÉVÉNEMENTS POLITIQUES, SOCIAUX, CULTURELS
1634 Naissance à Paris de Marie-Madeleine Pioche de La Vergne. Son père est de petite noblesse et sa mère fille d'un médecin du roi.	
	1635 Fondation de l'Académie française.
	1637 Corneille, *Le Cid* ; Descartes, *Le Discours de la méthode*.
	1643 Mort de Louis XIII.
	1646 → 1657 La Calprenède, *Cléopâtre* (12 volumes).
	1647 Vaugelas, *Remarques sur la langue française*.
1649 Mort de son père.	**1649 → 1653** Période de troubles appelée « La Fronde ».
1650 Remariage de sa mère avec Renaud de Sévigné, oncle de la jeune marquise de Sévigné, dont elle sera, toute sa vie, l'amie intime. Elle devient demoiselle d'honneur de la reine.	
1652 Renaud de Sévigné, partisan du cardinal de Retz, est contraint à l'exil.	
1655 Mariage de Mlle Pioche de La Vergne avec le comte de Lafayette, de vingt ans son aîné.	
1656 Mort de sa mère.	
1658 Naissance de Louis de Lafayette.	**1657** Segrais, *Les Nouvelles françaises*.
1659 Naissance de René-Armand de Lafayette. Par l'intermédiaire de Ménage, fait la connaissance de Pierre-Daniel Huet et de Jean de Segrais.	

1661 Favorite d'Henriette d'Angleterre. M. de Lafayette retourne seul en Auvergne.	**1661** Mort de Mazarin et début du règne personnel de Louis XIV.
1662 *La Princesse de Montpensier*.	**1662** Bossuet, *Sermon sur la mort*. Molière, *L'École des femmes*.
1665 Début d'une liaison, fort probablement amicale, avec La Rochefoucauld.	**1664** La Rochefoucauld, *Maximes*.
1669 *Zaïde*, publié sous le nom de Segrais, et dont Huet a corrigé de nombreux fragments. En appendice, *L'Essai sur les origines du roman* de Huet.	**1670** Pascal, *Les Pensées* (posthume). Racine, *Bérénice*.
1676 Mort de Renaud de Sévigné.	**1677** Racine, *Phèdre*.
1678 *La Princesse de Clèves*.	**1678** Paix de Nimègue. Apogée de la domination de Louis XIV sur l'Europe.
1680 Mort de La Rochefoucauld.	
1683 Mort du comte de Lafayette.	
1689 Retour vers la religion.	
1693 Mort de Mme de Lafayette.	
1720 *Histoire de Mme Henriette d'Angleterre* (posthume).	
1724 *La Comtesse de Tende* (posthume).	
1731 *Mémoires de la Cour de France pour les années 1688 et 1689* (posthume).	

Marina Vlady incarnant Mme de Clèves, dans un film de Jean Delannoy (1960).

Sommaire de *La Princesse de Clèves*

Lorsque Mlle de Chartres, âgée de seize ans, paraît la première fois à la cour du roi Henri II, pour s'y marier, M. de Nemours en est absent. M. de Clèves devient amoureux d'elle dès qu'il la voit ; elle l'épouse par estime ; il est vrai qu'elle n'a aucune expérience de l'amour. Elle est déjà mariée lorsqu'elle fait la connaissance de M. de Nemours. C'est, entre les deux jeunes gens, ce qu'on appelle aujourd'hui un coup de foudre. Mme de Chartres s'aperçoit de cette passion naissante et donne à sa fille la conscience du danger. Mais elle tombe brutalement malade et sa mort prive Mme de Clèves d'un soutien qui lui serait plus nécessaire que jamais. L'héroïne fait un premier séjour à la campagne. De retour à Paris, elle s'aperçoit très vite que, contrairement à ce qu'elle imaginait, sa passion n'est pas éteinte. Elle se laisse au contraire entraîner par cette inclination * dont elle donne malgré elle des signes à son amant *. Comprenant qu'elle est vaincue par sa passion, elle décide de retourner se réfugier à la campagne. Son mari trouve son comportement singulier. Elle lui avoue alors ce qu'elle éprouve, sans lui révéler toutefois le nom de celui qu'elle aime. Mais M. de Nemours, caché, a tout entendu ; il ne peut s'empêcher de confier, en termes vagues, la conversation qu'il vient de surprendre. Sans, toutefois, que les noms de M. et Mme de Clèves ne soient connus, le bruit de cet aveu se répand dans le monde. Cela introduit de la défiance entre les deux époux qui s'accusent mutuellement d'être à l'origine de l'indiscrétion. D'ailleurs, M. de Clèves n'est plus le maître de sa jalousie. Il fait espionner sa femme et, par une fausse interprétation, croit qu'elle a cédé à M. de Nemours. Il en tombe malade et en meurt. Sa femme s'estime coupable de ce décès, et bien qu'elle soit libre aux yeux du monde d'épouser celui qu'elle aime, elle renonce à tout pour mener une existence solitaire et vertueuse.

Les personnages

Anville (M. d') : fils du connétable de Montmorency, amoureux de la reine dauphine.

Boulen (Anne de) : Anne Boleyn (personnage historique : deuxième femme de Henri VIII d'Angleterre).

Carlos (Don) : fils de Philippe II d'Espagne.

Catherine de Médicis : reine de France, épouse de Henri II, mère de François II.

Chartres (Mme de) : mère de Mme de Clèves.

Chartres (Mlle de) : nom de Mme de Clèves avant son mariage.

Chartres (M. le vidame de) : oncle de Mme de Clèves, ami intime de M. de Nemours, amant de Mme de Martigues.

Chastelart : gentilhomme attaché à M. d'Anville ; sa passion pour la reine dauphine le fera mourir.

Claude (Mme Claude de France) : fille de Henri II et de Catherine de Médicis.

Clèves (Mme de, dite la princesse de) : fille de Mme de Chartres ; nièce du vidame de Chartres. Il n'existe à cette époque aucun personnage historique de ce nom.

Clèves (M. de) : deuxième fils du duc de Nevers ; époux de la princesse de Clèves.

Condé (le prince de) : Louis Ier de Condé, prince du sang ; frère du roi de Navarre.

Dauphine (Mme la reine) : Marie Stuart, reine d'Écosse, femme du dauphin (le fils du roi Henri II), qui deviendra lui-même roi de France sous le nom de François II.

Dauphin (le) : fils de Henri II et Catherine de Médicis, époux de Marie Stuart, devient roi sous le nom de François II.

Dauphin (M. le prince) : François de Bourbon, né en 1542, ainsi nommé parce que son père, le duc de Montpensier, possédait le dauphiné d'Auvergne.

Élisabeth Ire d'Angleterre : née en 1533, fille d'Anne de Boulen et de Henri VIII d'Angleterre, reine d'Angleterre de 1558 à 1603.

Élisabeth de France (Madame Élisabeth) : née en 1545, fille de Henri II et de Catherine de Médicis ; épouse Philippe II d'Espagne, né en 1527.

Estouteville (M. d') : voir Mme de Tournon.

Guise (Charles de Guise, cardinal de Lorraine) : né en 1524.

Guise (François de Lorraine, duc de Guise) : né en 1519, frère du précédent ; grand chef de guerre, a redressé la situation militaire de la France après le désastre de Saint-Quentin.

Guise (François de Lorraine, chevalier de Malte) : né en 1534, frère des précédents.

Henri II : né en 1519, fils de François Ier, père de François II, époux de Catherine de Médicis, amant de Madame de Valentinois, roi de France de 1547 à 1559.

Madame, sœur du roi (Marguerite de France) : sœur de Henri II, née en 1523 ; épouse le duc de Savoie.

Martigues (Mme de) : favorite de la reine dauphine, amie de Mme de Clèves, maîtresse de M. le vidame de Chartres.

Mercœur (Mme la duchesse de) : sœur de M. de Nemours.

Nemours (M. de) : frère de Mme de Mercœur ; dans le roman, amant de Mme de Clèves ; le véritable M. de Nemours était célèbre pour sa beauté et ses succès amoureux, mais rien ne permet de savoir s'il a vécu une aventure semblable à celle du roman.

Orléans (duc d') : troisième fils de François Ier, mort en 1545.

Poitiers (Diane de) : voir « Valentinois ».

Sancerre (M. de) : voir Mme de Tournon.

Savoie (Emmanuel-Philibert, duc de) : le duc de Nemours, qui appartient à la maison de Savoie, est son cousin germain. Il épouse Madame Marguerite.

Thémines (Mme de) : fait partie de la cour de Catherine de Médicis ; l'une des maîtresses du vidame de Chartres, auteur de la lettre perdue.

Tournon (Mme de) : n'apparaît que dans la digression n° 2 ; elle est simultanément la maîtresse de M. de Sancerre et de M. d'Estouteville.

Valentinois (Mme la duchesse de) : Diane de Poitiers, maîtresse du roi Henri II depuis vingt ans.

Résumés et commentaires

Mode d'emploi

Le découpage que l'on trouvera dans les pages suivantes ne figure pas dans le texte de Mme de Lafayette. Il est donné pour faciliter la lecture ; on s'est appliqué à le rendre le plus équilibré possible. Il est en grande partie arbitraire, pour des raisons qui tiennent à la composition de *La Princesse de Clèves*. Ce roman ne comporte en effet ni chapitre ni grande partie ; le récit y est continu, et passe le plus souvent d'une manière insensible d'une action à l'autre ; parfois même, plusieurs événements sont entrelacés (par exemple, l'accident de M. de Nemours et l'aventure de la lettre perdue, voir « 11. Des émotions incontrôlables »). La partition originale en quatre tomes n'avait aucune signification et répondait uniquement à des contraintes d'édition et d'imprimerie.

A titre de comparaison, on pourra consulter ce que propose Alain Niderst pp. 145 à 150 (voir « Bibliographie »).

Les références de page sont tirées de l'édition Garnier-Flammarion.

D'autre part, les « digressions » (récits intercalés dans le cours de l'histoire principale) sont signalées par un décrochement typographique dans le résumé.

Enfin, on trouvera dans le « Lexique » (voir page 105) la définition des termes signalés par un astérisque.

1. LA VIE DE COUR

Du début jusqu'à la page 40 : « [...] le roi revint à Paris. »

RÉSUMÉ

Pendant les dernières années du règne de Henri II, la cour de France est plus brillante que jamais. Les intrigues amoureuses y tiennent une grande place, et le roi lui-même éprouve depuis vingt ans une passion violente pour Diane de Poitiers, duchesse de Valentinois.

Une galerie de portraits

La reine, Catherine de Médicis, semble souffrir sans peine l'attachement du roi pour la duchesse de Valentinois. Mais son caractère ambitieux la pousse à dissimuler ses véritables sentiments. Chaque jour, à l'heure du cercle*, le roi se trouve chez elle, avec tout ce qu'il y a de plus beau et de mieux fait, de l'un et de l'autre sexe.

Cette cour se signale par la beauté des personnes qui la composent, et particulièrement de Marie Stuart, épouse de M. le Dauphin, « personne parfaite pour l'esprit et pour le corps ». On y goûte tous les plaisirs, tant les exercices du corps, que les différents arts. Mais ce qui la rend belle et majestueuse, c'est un nombre infini « de princes et de grands seigneurs d'un mérite extraordinaire ».

Parmi eux, se distinguent le prince de Clèves, par une prudence rare chez un homme jeune, le vidame de Chartres, beau, courageux et généreux, et, avant quiconque, le duc de Nemours, « chef-d'œuvre de la nature », beau, plein de vaillance et d'esprit, au comportement agréable, donnant le ton de la mode... Un homme aussi parfait plaît à toutes les femmes, et aime leur plaire ; il a plusieurs maîtresses*, et l'on ne sait laquelle il aime vraiment.

Les intrigues politiques

Cette cour est agitée d'intrigues politiques obscures, et divisée en deux partis : celui des Guise, et celui du connétable de Montmorency, soutenu par les princes du sang. C'est le connétable qui a la charge des affaires, mais personne ne peut se maintenir près du roi sans se soumettre à Mme de Valentinois. Elle ne peut supporter la grandeur des Guise, oncles de la reine dauphine ; elle hait particulièrement le cardinal de Lorraine, qui prend des liaisons* avec la reine ; elle est donc disposée à marier sa petite-fille avec M. d'Anville, le second fils du connétable. Le maréchal de Saint-André est le seul à ne pas avoir pris parti. Aimé du roi depuis longtemps, il profite de sa faveur et de sa générosité, souvent excessive.

Les relations internationales

Il manque à ce roi certaines grandes qualités, mais non pas celle d'entendre la guerre. Cependant, malgré une longue suite de victoires, la défaite de Saint-Quentin le conduit à engager des pourparlers de paix avec Philippe II.

C'est vers cette époque que l'on apprend la mort de Marie, reine d'Angleterre. L'ambassadeur du roi est frappé par l'intérêt qu'Élisabeth, la nouvelle reine, manifeste pour le duc de Nemours, dont elle ne connaît pourtant que la réputation. Convaincu par le roi de tenter une si grande fortune, ce prince envoie à Londres Lignerolles, un de ses gentilshommes, et se rend à Bruxelles auprès du duc de Savoie. Mais la mort de la reine Marie amène la rupture des négociations à la fin de novembre.

COMMENTAIRE

La Princesse de Clèves s'ouvre par un tableau de la cour de Henri II, comme si, avant d'entrer dans le sujet, il fallait dresser le cadre du récit. Dès la parution du roman, les critiques ont condamné cette façon de faire, la jugeant peu intéressante et peu naturelle. Mais ils ont également essayé d'en comprendre les raisons. Ils ont remarqué que cela donnait d'emblée à *La Princesse de Clèves* un statut de nouvelle historique, et que tout était organisé pour présenter le duc de Nemours dans son plus grand éclat.

Une nouvelle historique

La Princesse de Clèves s'inscrit dans l'histoire de l'Europe vers la fin du règne de Henri II, entre 1558 et 1560. C'est le moment, en Angleterre, de la mort de Marie Tudor suivie de l'accession au trône d'Élisabeth Iʳᵉ, et, en France, des pourparlers de Cercamp, préparatoires à la paix du Cateau-Cambrésis entre la France et l'Espagne. Mais les développements les plus importants sont réservés à la cour de France.

Mme de Lafayette insiste sur sa magnificence. Tout n'est que superlatifs et hyperboles, comme dans cette phrase d'introduction : « Jamais cour n'a eu tant de belles personnes et d'hommes admirablement biens faits ; et il semblait que la nature eût pris plaisir à placer ce qu'elle donne de plus beau dans les plus grandes princesses et dans les plus grands princes ». Mais, bien que les portraits insistent sur les qualités des personnages, une lecture attentive permet de découvrir les défauts suggérés. Par exemple, le roi n'est pas un grand monarque, il ne connaît que la guerre, et ne semble pas apprécier les arts.

Cette cour est traversée d'intrigues et partagée entre différents partis. Les mariages sont subordonnés aux intrigues politiques ; ils sont arrangés entre les parents qui recherchent des alliances, et ne tiennent aucun compte des inclinations de leurs enfants. L'amour apparaît comme une cause de trouble. Ainsi, M. d'Anville, parce qu'il est amoureux de la reine dauphine, risque de priver son père d'une alliance précieuse.

M. de Nemours

Tout converge vers lui. Sa réputation est si grande que la reine Élisabeth manifeste le très vif désir de le rencontrer. Cet anachronisme (Élisabeth songea à épouser M. de Nemours, sous le règne de François II) donne une grande valeur à ce prince, digne d'épouser une reine. La présence du duc de Savoie à Bruxelles, pour les négociations de paix, offre une occasion de l'éloigner de la cour, condition nécessaire à la mise en place de l'intrigue romanesque.

Son portrait étant le dernier de la galerie, et le plus long, ce prince est présenté comme l'accomplissement de toutes les perfections de la cour : « ce prince était un chef-d'œuvre de la nature ». Il réunit toutes les qualités de l'homme de cour : apparence physique attirante, valeur militaire, charme de l'esprit. Aussi a-t-il eu beaucoup de maîtresses*, souvent plusieurs en même temps. Les qualités de M. de Nemours se transforment ainsi en un défaut, l'inconstance, d'une grande importance pour le déroulement du roman.

2. APPARITION DE Mlle DE CHARTRES

De la page 40 : « Il parut alors une beauté à la cour [...] »
à la page 45 : « [...] quand on était jeune. »

RÉSUMÉ

A ce moment paraît à la cour « une beauté parfaite », qui fait l'admiration de tous, Mlle de Chartres, nièce de M. le vidame. Son père étant mort jeune, c'est sa mère, femme d'un grand mérite, qui l'a élevée, à l'écart de la cour, pour lui transmettre l'amour de la vertu. Contrairement à la plupart des mères, elle instruit sa fille de la passion amoureuse, de ses dangers, mais aussi de ses douceurs, pour essayer de la persuader qu'il n'est pas de bonheur en dehors de l'amour conjugal.

La passion du prince de Clèves

Par orgueil, Mme de Chartres ne trouve aucun parti digne de sa fille hors de la cour. Elle y conduit donc sa fille dans sa seizième année. Avant d'y paraître, Mlle de Chartres se rend chez un joaillier, où le prince de Clèves la voit pour la première fois ; il est frappé d'admiration et tombe aussitôt passionnément amoureux.

Pour apprendre le nom de cette jeune personne, il va le soir même chez Madame, la sœur du roi, où il conte son aventure en présence de toute la cour. Madame, informée en secret par une amie de Mme de Chartres, lui annonce qu'elle lui fera rencontrer cette beauté le lendemain. Lorsqu'elle paraît, tout le monde est plein d'admiration ; le prince de Clèves est heureux de la trouver d'une « qualité proportionnée à sa beauté » ; il la prie de se souvenir qu'il fut le premier à la rencontrer, et qu'il l'avait estimée et respectée avant de savoir qui elle était. Mlle de Chartres fait la conquête de toute la cour, sauf de la duchesse de Valentinois, qui hait M. le vidame et toute sa famille.

Le prince de Clèves désire l'épouser, mais la timidité que donne l'amour lui fait craindre un refus. Il a de nombreux rivaux, notamment le chevalier de Guise, redoutable par sa naissance, son mérite, et l'éclat de sa maison*.

Les inquiétudes de Mme de Chartres
Mme de Chartres poursuit l'éducation de sa fille. La cour est un lieu dangereux où « l'ambition et la galanterie* » occupent les hommes et les femmes. Les femmes participent à toutes les cabales, de sorte que l'amour et les affaires politiques sont toujours intimement unis. Personne ne peut rester à l'écart de cette agitation ; chacun est toujours occupé de plaisirs ou d'intrigues. La reine, la reine dauphine, la reine de Navarre, Madame, sœur du roi, la duchesse de Valentinois se sont attaché chacune une partie des dames de la cour.

L'« agitation sans désordre » qui règne dans cette cour la rend si agréable et si dangereuse pour une très jeune femme que Mme de Chartres demande à sa fille de lui confier toutes les galanteries que l'on pourrait lui dire, et lui promet de l'aider à se conduire.

COMMENTAIRE

Tout est en place pour l'entrée de l'héroïne. C'est une beauté parfaite, capable de créer l'étonnement dans la cour, ayant reçu une éducation peu commune.

Une beauté parfaite

Dans la première phrase qui lui est consacrée apparaît deux fois le substantif *beauté*, accompagné la seconde fois de l'adjectif *parfaite*, expression la plus absolue du superlatif. Elle doit être parfaite pour susciter une passion exceptionnelle dans un homme qui est un chef-d'œuvre de la nature. Une beauté si proche de l'idée de la perfection ne peut être décrite autrement que par des termes généraux : le teint blanc, les cheveux blonds, les traits réguliers, de la grâce et des charmes.

L'étonnement de la cour

La surprise de tous ceux qui la voient, dans une cour habituée à la beauté, est la preuve de sa perfection. Pour sa beauté, mais aussi pour ses autres qualités, « elle [est] aimée et admirée de toute la cour ». Elle devient une des favorites de la reine dauphine. Seule la duchesse de Valentinois ne l'aime pas, à cause de la haine qu'elle éprouve pour son oncle ; c'est un jalon posé dans le récit pour rendre vraisemblables

les difficultés du mariage d'une personne si parfaite, au surplus un grand parti. Chez les jeunes gens qu'elle rencontre, cette surprise et cette admiration provoquent ce que l'on nomme de nos jours des coups de foudre. La rencontre avec le prince de Clèves se distingue par des circonstances romanesques ; il tombe amoureux d'elle avant même de savoir qui elle est, la recherche, et apprend avec plaisir qu'elle est d'une qualité qui convient à la sienne. Cet étonnement général vient de l'éloignement dans lequel Mme de Chartres a tenu sa fille pour faire son éducation, si absolu que son oncle lui-même est surpris de sa beauté.

L'éducation de Mlle de Chartres

L'enfance de Mlle de Chartres est marquée par le romanesque. Son père mort, elle est élevée par sa mère seule, qui fait son éducation. C'est un schéma qui rappelle celui de *Perceval* de Chrétien de Troyes ; on sait depuis qu'une éducation de ce genre n'est jamais complète. Pourtant, Mme de Chartres est une personne exceptionnelle par ses capacités (« son mérite »), et par ses qualités morales (« sa vertu »). Elle poursuit d'ailleurs l'éducation de sa fille à la cour, où une jeune fille de seize ans ne saurait se conduire seule, ni résister aux charmes de l'ambition et de la galanterie. Elle a réussi à donner à sa fille l'amour de la vertu. Mais elle pêche par orgueil (elle est « extrêmement glorieuse ») et n'est pas assez sage pour tenir définitivement sa fille à l'écart de la cour. A partir de là se trouvent réunies toutes les conditions d'un roman d'éducation, éducation sentimentale de Mlle de Chartres qui sera celle aussi, moins prévisible, de M. de Nemours.

3. LE MARIAGE

De la page 45 : « Le chevalier de Guise fit tellement paraître les sentiments [...] » à la page 52 :
« [...] une personne où l'on ne pouvait atteindre. »

RÉSUMÉ

Les obstacles politiques

Personne ne peut plus ignorer les sentiments du chevalier de Guise, ni son projet d'épouser Mlle de Chartres, mais ses frères, et tout particulièrement le cardinal de Lorraine qui nourrit une haine secrète pour le vidame, s'opposent à cette alliance.

M. de Clèves, lui aussi, a manifesté publiquement sa passion, mais le duc de Nevers, son père, lié à Diane de Poitiers, le blâme avec emportement. Surprise et offensée de ces deux refus, Mme de Chartres songe à se venger en mariant sa fille avec le plus important de tous les partis, le prince dauphin ; elle intrigue si bien, avec l'aide du vidame, de la reine dauphine et de M. d'Anville, que plus rien ne semble s'opposer à son projet. Mais la duchesse de Valentinois l'a combattu avec tant de soins que le roi fait savoir qu'il ne l'approuve pas.

Un témoignage de compassion

La reine dauphine témoigne de la compassion à Mlle de Chartres, et se plaint d'être haïe par la reine et la duchesse de Valentinois à cause de l'amour que le roi avait porté jadis à sa mère, Marie de Lorraine, au point d'envisager de répudier Catherine de Médicis pour l'épouser, à l'époque où il n'avait point encore d'enfants. Seule l'en avait empêché l'intervention du feu roi qui, pour protéger définitivement la reine Catherine, s'était empressé de marier Marie de Lorraine au roi d'Écosse, au grand déplaisir de Henri VIII, qui souhaitait également l'épouser. Marie Stuart craint une destinée aussi malheureuse que celle de sa mère, reléguée dans un royaume où elle ne trouve que des peines.

Le mariage

« Personne n'os[e] plus penser à Mlle de Chartres ». Mais la mort de son père donne à M. de Clèves la liberté de suivre son inclination *. Il déclare sa passion et ses intentions à Mlle de Chartres, et, ne voulant pas qu'elle l'épouse uniquement par devoir, insiste pour connaître ses sentiments ; il fonde une fausse espérance sur la douceur que la reconnaissance donne aux réponses de cette jeune personne.

Mme de Chartres trouve beaucoup de grandeur et de qualités chez M. de Clèves. Elle croit que sa fille parviendra à l'aimer, et l'encourage à l'épouser, en dépit d'une absence totale d'inclination*

M. de Clèves s'aperçoit que Mlle de Chartres n'éprouve pour lui que de l'estime et de la reconnaissance ; il lui reproche de ne pas le traiter mieux que s'il l'épousait par intérêt, et de ne lui manifester de l'attachement* que pour des raisons de bienséance. Elle ne sait que lui répondre, car elle n'a jamais éprouvé les sentiments dont il l'entretient.

Elle est très affligée de la tristesse manifestée par le chevalier de Guise, mais ne dépasse pas cette pitié vers d'autres sentiments. Mme de Chartres s'étonne* de la sincérité de sa fille, et de son indifférence à tous ; elle essaie de l'attacher à son mari par la reconnaissance.

Le mariage se fait au Louvre. Sa nouvelle condition ne donne pas à M. de Clèves une place plus importante dans le cœur de celle qui prend désormais son nom ; il lui reste toujours quelque chose à désirer au-delà de sa possession, de sorte que, devenu son mari, il demeure son amant. Cependant, il n'éprouve aucune jalousie, car Mme de Clèves se conduit d'une façon qui impose le respect, même aux plus audacieux.

COMMENTAIRE

Venue à la cour pour s'y marier, Mlle de Chartres n'y reste pas longtemps sans prétendant. Mais, curieusement, son mariage rencontre des obstacles insurmontables qui tiennent Mme de Chartres en échec jusqu'au moment où M. de Clèves peut montrer toute sa générosité. Mais, ce faisant, il devient la première victime, dans ce roman, de la malédiction de la beauté et de l'amour.

Les obstacles au mariage

Rapidement, malgré ses perfections, sa naissance et ses biens, personne n'ose plus demander la main de Mlle de Chartres. Par passion, le chevalier de Guise perd la notion des convenances ; n'étant que le cadet de sa maison, il n'offrirait pas à Mlle de Chartres une situation matérielle convenant à sa qualité. Mais l'obstacle principal provient des intrigues et des cabales qui agitent la cour ; son frère, le cardinal de Lorraine, nourrit une haine secrète contre le vidame. C'est un obstacle de même nature, la haine de la duchesse de Valentinois pour le vidame, qui rend impossible le mariage de Mlle de Chartres avec le prince de Clèves, puis avec le prince dauphin.

Les échecs de Mme de Chartres

Le narrateur revient à plusieurs reprises sur les blessures d'amour-propre ressenties par Mme de Chartres, qui pensait que chacun s'empresserait de rechercher sa fille et découvre que tout le monde la fuit. Son étonnement montre qu'elle n'a pas une connaissance exacte de la vie de cette cour. Mais enfin, grâce à la mort à point nommé de M. de Nevers, M. de Clèves peut épouser Mlle de Chartres, et l'on aperçoit mieux le projet de Mme de Chartres pour sa fille. Le seul bonheur possible étant d'aimer son mari, il faut épouser quelqu'un que l'on puisse aimer un jour, dont le mérite puisse susciter l'estime, et les bons procédés la reconnaissance.

La générosité de M. de Clèves

M. de Clèves donne des marques de passion et manifeste une grandeur d'âme qui le rendent digne d'être aimé. Mais, si l'on se rappelle son portrait, et qu'on le compare à celui du duc de Nemours, on voit qu'il est « brave », « magnifique », mais qu'il lui manque la beauté et le charme. Il ne semble pas attiré par la galanterie, mais est capable d'une prudence rare pour son âge. Malgré son désir de lui manifester de l'affection, Mme de Clèves ne parvient pas à ressentir de l'inclination pour celui qui devient son mari. Aussi attend-il toujours de sa femme quelque chose qu'elle ne peut lui offrir ; mais il ne peut rien lui reprocher puisqu'elle ne ressent pour personne ce qu'elle n'éprouve pas pour lui ; il reste donc son amant tout en étant son mari. Dans ce roman, il est la première victime de la malédiction de la beauté et de l'amour.

La malédiction de la beauté et de l'amour

La beauté et l'amour provoquent le malheur ; c'est ce que va montrer ce roman, et ce que suggèrent déjà l'allusion à la folie de Chastelart, le récit du destin tragique de Marie de Lorraine, et les prophéties de Marie Stuart. Par amour pour la reine dauphine, Chastelart commettra un acte de folie et en sera châtié ; la beauté de Marie de Lorraine l'a fait craindre et chasser ; Marie Stuart a peur que son destin ne ressemble à celui de sa mère. Ces éléments, que rappelle une très rapide notation concernant Madame Elisabeth (p. 36), créent chez le lecteur l'attente d'un malheur qu'ils rendent vraisemblable par l'exemplarité de l'histoire.

4. UNE INCLINATION RÉCIPROQUE

De la page 52 : « La duchesse de Lorraine [...] »
à la page 55 : « [...] qu'ils ne se plussent infiniment. »

RÉSUMÉ

Le retour de M. de Nemours

Pendant ce temps, le duc de Nemours est resté à Bruxelles, entièrement préoccupé de son aventure anglaise. Lignerolles lui demande de venir en personne à la cour de Londres ; il s'apprête à le faire avec une grande joie, mais retourne auparavant à Paris pour assister aux noces du duc de Lorraine et de Mme Claude de France, prévues pour le mois de février.

Il arrive la veille des fiançailles ; Mme de Clèves, restée chez elle pour se parer, ne le voit pas et ne sait pas qu'il est à Paris ; elle a beaucoup entendu parler de lui en termes flatteurs, surtout par la reine dauphine, qui l'a rendue impatiente de le voir.

Une rencontre galante et extraordinaire

Le soir des fiançailles, comme Mme de Clèves achève une danse, le roi lui dit de prendre pour la suivante un prince qui vient d'entrer ; elle reconnaît immédiatement M. de Nemours, dont l'air brillant la surprend ; quand à ce prince, il ne peut lui cacher son admiration. Lorsqu'ils dansent, « un murmure de louanges » s'élève dans toute la salle, et l'on trouve quelque chose de singulier dans cette première rencontre. Le roi et les reines leur demandent s'ils ont deviné avec qui ils dansaient. M. de Nemours avoue sans façon qu'il n'a pas d'incertitude, tandis que Mme de Clèves, embarrassée, dissimule la vérité. Ce soir-là, M. de Nemours ne peut plus admirer que Mme de Clèves.

Naissance de la passion

Le chevalier de Guise, piqué par la jalousie, croit deviner que Mme de Clèves est séduite par le duc de Nemours ; il ne peut s'empêcher de le lui faire sentir. Mme de Chartres, à l'air dont sa fille lui rapporte cette aventure en rentrant du bal, conçoit les mêmes doutes que lui.

Les jours suivants, à l'occasion des festivités, Mme de Clèves voit très souvent M. de Nemours, et le voit exceller en tout, dans les jeux du corps comme dans ceux de l'esprit. Il fait, « en peu de temps, une grande impression dans son cœur ». Il faut dire que le désir de plaire à Mme de Clèves lui donne encore plus d'agrément. Étant les deux personnes les plus aimables* de la cour, ils se plaisent infiniment.

COMMENTAIRE

M. de Nemours revient à la cour après le mariage de Mlle de Chartres. Ils ne se sont jamais vus, mais l'on devine qu'étant les personnes les plus parfaites, ils sont destinés à s'aimer. Cette rencontre, qui selon l'un des personnages a quelque chose de « galant et d'extraordinaire », éveille l'héroïne à la vie sentimentale.

Le romanesque

Aujourd'hui, nous trouvons romanesque ce que le chevalier de Guise nomme « galant et extraordinaire ». Les circonstances de cette rencontre sont extraordinaires à plusieurs titres. D'abord, tout a été mis en œuvre pour que les héros ne se rencontrent pas avant le mariage de Mlle de Chartres. M. de Nemours quitte en effet la cour à la fin de novembre, et y revient en février, ce qui est vraisemblable puisqu'à Bruxelles, il s'occupe fort de son aventure anglaise. Mais il est plus difficile d'admettre, comme nous y oblige la chronologie du roman, que toutes les tractations matrimoniales et le mariage ne prennent pas plus de trois mois — nous verrons que toute l'intrigue romanesque est extrêmement rapide. Cette rencontre revêt également un caractère galant parce qu'elle se produit dans un moment où les deux jeunes gens se trouvent dans le plus grand éclat de leur beauté, qu'ils dansent sans se connaître, qu'ils suscitent l'admiration de toute l'assemblée.

L'éveil à l'amour

Une telle rencontre ne peut manquer de produire un effet violent chez une personne aussi jeune et inexpérimentée que Mme de Clèves, d'autant plus que la reine dauphine l'avait rendue impatiente de connaître M. de Nemours. Elle refuse d'avouer qu'elle l'a reconnu, mais elle est encore trop naïve pour comprendre ce que devinent les personnes qui s'intéressent à ses sentiments, le chevalier de Guise et Mme de Chartres. Dès cet instant, tout se passe comme si elle ne voyait ni n'entendait plus que M. de Nemours. D'ailleurs, le lecteur ne peut manquer d'être surpris par la façon dont M. de Clèves disparaît du récit dès que M. de Nemours a surgi sur la piste de danse, comme s'il avait disparu alors de la conscience de Mme de Clèves.

5. L'HISTOIRE DE Mme DE VALENTINOIS

De la page 55 : « La duchesse de Valentinois était de toutes les parties [...] » à la page 60 : « [...] plusieurs circonstances que j'ignore. »

RÉSUMÉ

Une passion honteuse

A cause de son âge, Mme de Clèves comprend difficilement qu'on puisse aimer une femme de plus de vingt-cinq ans. Aussi interroge-t-elle souvent sa mère sur la passion de Henri II pour Mme de Valentinois.

Mme de Chartres ne trouve aucune excuse à ce roi, Diane de Poitiers n'ayant aucun mérite : ni jeune ni belle ni fidèle, elle ne reste attachée au roi que par intérêt. Pour l'aider à dépasser les apparences, toujours trompeuses dans une cour, elle veut expliquer à sa fille le commencement de cette passion, et les événements qui l'ont vu naître.

La rivalité des maîtresses royales

Diane de Poitiers est d'une illustre naissance, admet-elle. Mais elle ajoute ne pas très bien comprendre par quels moyens elle sauva son père, condamné à mort pour des raisons de politique ; d'une beauté remarquable, elle devint alors la maîtresse de François Ier. Mais la captivité de ce prince interrompit sa passion et, à son retour, il tomba amoureux de la future duchesse d'Étampes, beaucoup plus jeune que Mme de Valentinois. Il n'y eut jamais de haine si grande que celle des deux femmes. Le roi conserva un commerce* avec Mme de Valentinois. Un jour qu'il se plaignait du manque de vivacité de son second fils, destiné à régner depuis la mort de son frère aîné, Diane de Poitiers déclara qu'elle voulait le faire devenir amoureux d'elle pour le rendre plus vif et plus agréable ; elle lui inspira une passion qui dure depuis vingt ans.

Les deux cabales

L'opposition de François Ier ne força pas le futur roi à diminuer son attachement. Ce conflit rapprocha davantage encore le feu roi de son troisième fils, le duc d'Orléans, beau, bien fait et fougueux. La haine qui opposait ces deux frères donna à Mme d'Étampes l'idée de s'appuyer sur le duc d'Orléans ; sans être amoureux d'elle ce prince entra dans ses intérêts, ce qui créa deux cabales qui ne s'en tinrent pas à « des démêlés de femmes ».

Pour permettre au duc d'Orléans d'épouser la fille de Charles Quint, la duchesse d'Étampes donna à l'empereur des renseignements qui sauvèrent son armée, en danger d'être détruite par celle du dauphin. Mais elle ne profita pas longtemps de sa trahison, car le duc d'Orléans mourut peu de temps après.

Le triomphe de Diane de Poitiers

Deux ans plus tard, la mort du roi amena un bouleversement complet dans la cour. Le nouveau roi rappela le connétable, et la duchesse de Valentinois chassa Mme d'Étampes. Pour finir, Mme de Chartres fait remarquer à sa fille que Diane de Poitiers est, depuis douze ans, maîtresse des charges et des affaires, et qu'elle fait punir tous ceux qui tentent d'éclairer le roi sur sa conduite. Le comte de Taix, ayant parlé de sa galanterie avec le comte de Brissac, a été disgrâcié, et l'on a donné sa charge à celui qu'il a dénoncé. La jalousie du roi est « douce et modérée par l'extrême respect qu'il a pour sa maîtresse ». Aussi n'a-t-il osé éloigner son rival qu'en lui donnant le gouvernement du Piémont. Après plusieurs années, revenu à la cour sur le prétexte de demander des troupes, M. de Brissac a été très mal reçu par le roi et s'en est retourné sans avoir rien obtenu.

Mme de Chartres achève alors son récit, en demandant à sa fille de l'excuser d'avoir parlé si longuement.

COMMENTAIRE

Voici le premier des quatre récits faits par des personnages du roman, que l'on nomme depuis l'origine les « digressions » de *La Princesse de Clèves*. On leur a reproché, surtout à celui-ci et à l'épisode de la vie d'Anne de Boulen, de n'entretenir aucun rapport nécessaire avec le reste de l'intrigue. En fait, ce récit est motivé par une nouvelle curiosité de Mme de Clèves, qui suscite une mise au point de Mme de Chartres sur la passion amoureuse, par le biais d'une leçon d'histoire.

La curiosité de Mme de Clèves

Après avoir rencontré M. de Nemours, Mme de Clèves éprouve le besoin, en toute innocence, d'interroger sa mère sur une passion qu'elle ne comprend pas, celle du roi pour Diane de Poitiers. Ce qui lui semble le plus étrange, dans l'ingénuité de son très jeune âge, c'est qu'on puisse encore aimer une femme qui a dépassé vingt-cinq ans.

Elle est en fait maintenant consciente des lacunes de l'éducation qu'elle a reçue, et encourage sa mère à lui expliquer les intrigues de l'ancienne cour, pour mieux comprendre celles du présent.

Une morale de l'amour

L'enseignement de Mme de Chartres a une portée essentiellement morale, car elle veut apprendre à sa fille quel comportement elle doit adopter pour éviter le malheur et la déchéance. Elle lui propose quelques modèles de relations amoureuses, presque toutes condamnables dans leur totalité. Le roi François Ier, très peu fidèle à sa maîtresse en titre, semble bizarrement le moins mal jugé, peut-être parce qu'il ne se laisse pas mener par la passion.

Mais la passion de Henri II n'est pas excusable. Elle le serait si sa maîtresse était jeune, belle, fidèle, si elle n'avait jamais aimé personne, si son amour était désintéressé. Mais le plus condamnable, c'est la faiblesse du roi devant sa maîtresse, son respect excessif, qui l'empêche même de manifester pleinement une jalousie légitime.

Par contraste, on ne peut condamner la belle personne qui fut amoureuse du duc d'Orléans ; c'était une passion réciproque et sincère puisque depuis la mort de celui qu'elle aimait, cette femme fut parfaitement sage.

Une leçon d'histoire

Mme de Chartres, en contant la vie de l'ancienne cour, ancre encore un peu plus l'intrigue du roman dans l'histoire. On peut trouver dans ce tableau des éléments qui recevront des prolongements divers dans la suite du roman. La liaison de Mme de Valentinois avec M. de Brissac est utilisée au début de la digression sur les aventures de Mme de Tournon. Le renversement complet des rapports de pouvoir après la mort de François Ier préfigure ce qui se passe après l'accident de Henri II.

Mme de Chartres donne ainsi à sa fille les connaissances nécessaires pour bien interpréter ce que l'on voit et ce que l'on entend dans une cour où domine la dissimulation, où « ce qui paraît n'est presque jamais la vérité ». Cette maxime se vérifiera souvent, au sujet du vidame, de Mme de Tournon, au moment de la mort de Henri II.

6. LE BAL DU MARÉCHAL

De la page 60 : « La passion de M. de Nemours » à la page 65 : « par le progrès qu'il pouvait faire auprès d'elle »

RÉSUMÉ

Les signes infimes de la passion

La passion de M. de Nemours le pousse à rompre avec les personnes qu'il aimait ; Mme la Dauphine elle-même perd la place qu'elle occupait dans son cœur, et il n'est plus impatient de se rendre en Angleterre. Pour ne pas nuire à la réputation de Mme de Clèves, il préfère la laisser ignorer ses sentiments plutôt que de risquer de les apprendre au public. Seuls, parce qu'ils prêtent une véritable attention à toutes ses actions, le chevalier de Guise et la princesse de Clèves s'aperçoivent de son inclination.

Mme de Clèves ne parle pas à sa mère des sentiments de ce prince ; mais Mme de Chartres devine tout et en conçoit une douleur très vive. Un événement très particulier la confirme alors dans ses soupçons.

Une opinion singulière
Pour montrer sa magnificence, en particulier aux yeux de Mme de Clèves, le maréchal de Saint-André donne un bal auquel il convie toute la cour. Mais quelques jours auparavant, on rapporte en présence de Mme de Clèves, comme une opinion vraiment singulière, des propos de M. de Nemours selon qui le pire supplice, pour un amant, serait de voir sa maîtresse au bal. S'il n'est pas aimé, il souffre encore plus de la voir admirée de tous ; s'il est aimé, elle pense moins à lui, étant occupée à plaire à tout le monde. Cette règle ne peut souffrir qu'une exception, c'est la présence d'une maîtresse au bal donné par son amant, puisqu'elle participe dans ce cas au plaisir qu'il offre, et le voit maître d'un lieu où est toute la cour.

Immédiatement d'accord avec le duc de Nemours, Mme de Clèves annonce à sa mère qu'elle ne veut pas se compromettre en assistant au bal du maréchal ; elle feint donc d'être malade.

La certitude de Mme de Chartres
Deux jours plus tard, une remarque de la reine dauphine apprend à Mme de Chartres et, dans le même moment, à M. de Nemours les véritables raisons de l'absence de Mme de Clèves au bal du maréchal ; Mme de Clèves rougit à cause de la présence de M. de Nemours, mais Mme de Chartres, par son aplomb, persuade tout le monde que sa fille était vraiment malade.

Vers la fin de février les négociations de paix reprennent au Cateau-Cambrésis, ce qui ôte à M. de Nemours un rival dangereux en la personne du maréchal de Saint-André, l'un des ambassadeurs du roi.

COMMENTAIRE

Le récit reprend où la digression l'a interrompu. La passion des deux jeunes gens fait de tels progrès que Mme de Clèves préfère ne rien dire à sa mère. Cependant, à la faveur d'une aventure fort compliquée, Mme de Chartres est confirmée dans ses soupçons.

Les progrès de la passion

C'est ici la première apparition du bouleversement qu'entraîne pour M. de Nemours la découverte de l'amour. Il se transforme totalement, perd le goût de la galanterie et de l'ambition. Ceux qui le connaissent ne le reconnaissent plus et sont surpris des propos qu'il tient. On commence à deviner qu'il a une maîtresse qui le rend inquiet, mais presque personne ne sait de qui il s'agit, tant il reste discret, par respect pour celle qu'il aime.

Quant à Mme de Clèves, tout est fait pour présenter au lecteur le portrait d'une très jeune femme essayant de se cacher la naissance de sentiments qu'elle réprouve. Elle prête une telle attention à ce que fait M. de Nemours qu'elle s'aperçoit de sa passion. La facilité avec laquelle elle devine les sentiments cachés de M. de Nemours, comparée aux difficultés qu'elle rencontrait pour comprendre les déclarations passionnées de son mari (p. 51), montre la force de l'inclination qui la pousse vers son amant. Et l'on comprend qu'elle préfère, sans savoir pourquoi, ne pas confier à sa mère ce qu'elle a découvert.

Un imbroglio romanesque

Mme de Lafayette se trouvait devant un cas difficile. Elle devait créer une situation telle que Mme de Chartres soit la seule personne à acquérir la certitude du danger qui menaçait Mme de Clèves ; et le faire en respectant la vraisemblance. Voici les principales étapes de cette aventure. Le dauphin étant malade, tout le monde passe ses journées dans son antichambre, à part les favorites de la reine dauphine qui tiennent compagnie à leur maîtresse. Le prince de Condé qui, du fait de sa qualité, peut être reçu partout et à toute heure, vient rapporter à Mme la Dauphine les propos étranges de M. de Nemours.

Ainsi, Mme de Clèves apprend ce que pense M. de Nemours, et, comme ce prince ne sait pas qu'on a répété ses paroles devant elle, peut agir comme il le souhaite sans qu'il soupçonne qu'elle l'aime. Il ne reste plus qu'à laisser la reine dauphine, qui dit toujours avec beaucoup de liberté tout ce qu'elle pense, révéler à Mme de Chartres la véritable raison de la décision de Mme de Clèves.

7. LA MORT DE Mme DE CHARTRES

De la page 65 : « Mme de Chartres n'avait pas voulu [...] » à la page 69 : « [...] il m'était impossible de le quitter. »

RÉSUMÉ

La révélation de l'amour
Mme de Chartres s'est bien gardée de laisser deviner ses soupçons à sa fille. Elle se met un jour à lui parler de M. de Nemours, en dit du bien, mêlé de « louanges empoisonnées » sur sa « sagesse », qui le rend incapable d'un attachement sérieux. Elle demande à sa fille de ne jamais avoir de conversation particulière avec lui, de crainte que, favorite de la reine dauphine, on ne la prenne pour leur confidente.

Bouleversée par ce qu'elle vient d'apprendre sur les relations de M. de Nemours et de la reine dauphine, Mme de Clèves doit s'enfermer dans son cabinet. Ce qui lui donne le plus de douleur, c'est de prendre conscience de ses sentiments ; elle décide de s'ouvrir à sa mère. Mais le lendemain matin, Mme de Chartres a un peu de fièvre ; ce qui empêche sa fille de lui parler, mais non pas de se rendre chez la reine dauphine.

Il y est justement question de M. Nemours, et la reine dauphine s'étonne de son évolution depuis son retour de Bruxelles : il néglige toutes ses maîtresses. À ce moment, Mme de Clèves s'aperçoit que ce n'est pas pour l'amour de

Mme la Dauphine que M. de Nemours a changé ; elle se trouve alors, « malgré elle, dans un état plus doux et plus calme que celui où elle était auparavant ».

L'agonie de Mme de Chartres

À son retour, elle trouve sa mère beaucoup plus mal qu'elle ne l'avait quittée. Les jours suivants, la fièvre augmente ; c'est une maladie considérable. Mme de Clèves ne quitte plus sa mère. Très souvent, M. de Clèves vient tenir compagnie à sa femme, par devoir et pour le plaisir de rester avec elle.

M. de Nemours vient souvent dans l'antichambre de Mme de Chartres, sous prétexte de chercher M. de Clèves, son ami de longue date. Mme de Clèves ne peut le voir sans trouble, sans plaisir, ni sans crainte.

On commence à désespérer de la vie de Mme de Chartres ; elle fait appeler sa fille pour lui faire ses adieux. Elle la met en garde contre les périls qui la menacent : « Vous êtes sur le bord du précipice : il faut de grands efforts et de grandes violences pour vous retenir. » Il faut penser à son mari, à sa réputation ; le salut se trouve dans la fuite ; quelque difficile qu'elle semble, elle sera toujours plus douce que les suites d'une galanterie. Si sa fille doit succomber comme les autres femmes, elle reçoit « la mort avec joie ». Sur ces mots, elle lui ordonne de la laisser en repos et pendant les deux jours qui lui restent à vivre, elle ne veut plus la recevoir.

La première retraite

Aussitôt sa mère expirée, Mme de Clèves est emmenée à la campagne par son mari. Une grande part de son désarroi lui vient du sentiment de perdre un appui nécessaire. Elle veut s'attacher davantage encore à son mari pour se protéger de M. de Nemours. Sachant qu'elle ne peut s'empêcher de le trouver aimable, elle prend la résolution de l'éviter autant que possible, et refuse de le recevoir lorsqu'il vient rendre visite à son mari. M. de Clèves, parti faire sa cour à Paris, en revient plus tard que prévu car il a dû consoler un malheureux, M. de Sancerre.

COMMENTAIRE

La Princesse de Clèves présente une succession de péripéties qui déterminent peu à peu l'héroïne à révéler ses sentiments à son mari. Mme de Chartres est à l'origine de cette évolution, puisque c'est elle qui révèle à sa fille la véritable nature de ses sentiments, et qui lui donne la force de leur résister, dans la première scène pathétique du roman.

La découverte des sentiments

C'est Mme de Chartres qui révèle à sa fille la nature de ce qu'elle éprouve pour M. de Nemours. Rien n'indique d'ailleurs que cela corresponde à une intention bien arrêtée de sa part, et le lecteur a plutôt l'impression que c'est par maladresse qu'elle déclenche le premier accès de jalousie de Mme de Clèves. Ce faisant, elle participe bien malgré elle à ce que Stendhal, grand lecteur de *La Princesse de Clèves*, nommera la cristallisation de l'amour. La réaction de Mme de Clèves est alors ambiguë, car on ne sait pas si elle souffre davantage de la honte d'avoir découvert qu'elle a pour un autre homme les sentiments qu'elle devrait éprouver pour son mari, ou des tourments de la jalousie. C'est la première apparition d'un trait constant de ce personnage : sa capacité à méconnaître la véritable source de ses douleurs.

Résister à l'inclination

Mme de Clèves prend très rapidement la résolution de résister à la passion dont elle a désormais conscience. Son premier mouvement la porte à tout révéler à sa mère, ce qui prépare la scène de l'aveu. Mme de Clèves semble ne pouvoir se conduire vertueusement que sous la pression du regard d'un être dont l'estime lui est nécessaire. Mais le sentiment de sa culpabilité n'est pas encore assez fort pour l'empêcher de se rendre chez Mme la Dauphine, de ressentir du soulagement en apercevant que sa jalousie n'avait aucun fondement, ni de refuser de voir M. de Nemours pendant la maladie de Mme de Chartres.

C'est la scène pathétique de la grande conversation qui convertit véritablement et durablement Mme de Clèves à la vertu la plus sévère et la convainc qu'il faut quitter la cour pour ne pas s'y perdre, et renoncer à revoir M. de Nemours.

Le pathétique

Le pathétique fait irruption dans le roman, pour ne plus en sortir. Auparavant, nous avions pris connaissance des fastes de la vie de cour, de ses divertissements, de sa beauté. Ses dangers avaient été évoqués, ils nous sont maintenant montrés. Pour quelle raison Mme de Chartres meurt-elle ? Nous n'en savons rien mais la simultanéité de cette mort et de la découverte de l'inclination de Mme de Clèves laisse supposer que c'est Mme de Clèves qui se trouve à l'origine de cette mort comme elle le sera de celle de son mari.

Cette souffrance, toute forte qu'elle soit, puisqu'elle conduit à la mort, est représentée avec une grande sobriété pour conserver aux personnages la noblesse de l'idéal. C'est ce qu'on nomme le style classique, légèrement empesé, fait de retenue dans le choix des termes (Mme de Chartres parle de son « déplaisir » de mourir), et du refus des cris, des gesticulations, des attitudes excessives.

8. LES GALANTERIES DE Mme DE TOURNON

De la page 69 : « [...] Pour Mme de Tournon [...] », à la page 80 : « vous ne sauriez vous dispenser. »

RÉSUMÉ

Mme de Tournon est morte, et Mme de Clèves en éprouve de la pitié car elle était jeune, belle et vertueuse. Depuis son veuvage, elle vivait retirée du monde et avait rendu publique son intention de ne jamais se remarier. Mais, en vérité, elle avait promis secrètement le mariage au comte de Sancerre et à M. d'Estouteville, dans le même temps. M. de Clèves veut détromper sa femme en lui racontant toute cette histoire.

Une imprudence

Il lui apprend que Sancerre était amoureux de Mme de Tournon depuis environ deux ans, mais ajoute qu'il n'en aurait jamais rien su si une aventure ne lui avait ouvert les yeux. Un soir de spectacle, au Louvre, on annonça que Mme de Valentinois s'était trouvée mal et que le roi ne paraîtrait pas. On jugea que c'était un démêlé de jalousie.

Le roi s'était aperçu que Mme de Valentinois avait donné à M. de Brissac, qui venait de repartir pour le Piémont, une bague qu'il lui avait offerte depuis peu. Cette aventure et la querelle qui s'en était suivie l'avaient terriblement affligé. M. de Clèves dit à sa femme qu'immédiatement après avoir appris en secret cette nouvelle de M. d'Anville, il l'a transmise à Sancerre, comme une chose à ne pas répéter, mais que le lendemain matin, sa propre belle-sœur lui conta, en présence de Mme de Tournon qui prit une contenance embarrassée, tout ce que cette jeune femme venait de lui apprendre. C'était, mot pour mot, ce qu'il avait confié à Sancerre. Il comprit alors que Sancerre s'était rendu chez elle à l'issue du spectacle, et qu'il s'y était trouvé seul, puisqu'elle ne recevait jamais personne.

M. de Clèves, confident

M. de Clèves raconte alors comment il contraignit Sancerre à lui révéler qu'il aimait Mme de Tournon, qui lui avait promis de l'épouser bien qu'il fût le cadet de sa maison, et comment il lui avait conseillé de presser ce mariage, lui disant qu'on devait tout craindre d'une personne aussi dissimulée. Mme de Tournon parut résolue à épouser Sancerre et commença même à quitter sa retraite. Mais peu de temps après, Sancerre trouva qu'elle l'aimait moins et il eut l'impression qu'elle éloignait leur mariage. A cet endroit de son récit, M. de Clèves rapporte les conseils qu'il a donnés à son ami : il ne devrait pas se plaindre si, après deux ans, Mme de Tournon lui avouait que sa passion avait diminué ou qu'elle aimait quelqu'un d'autre. Mme de Clèves se trouble lorsqu'elle entend son mari lui répéter ce qu'il a dit à Sancerre : « la sincérité me touche d'une telle sorte que je crois que si ma maîtresse, et même ma femme, m'avouait que quelqu'un lui plût, j'en serais affligé sans en être aigri ».

Une douleur incomparable

Mme de Tournon parvint à rassurer pleinement Sancerre qui partit pour un voyage de trois mois. Il en revint le jour de la mort de sa maîtresse. M. de Clèves décrit son désespoir ; il passe des cris à l'abattement le plus complet, répétant « elle est morte, je ne la reverrai plus ». Elle disparaissait au moment où il pensait s'attacher à elle pour toujours ; M. de Clèves avoue qu'il ne put résister à la compassion. Contraint de le laisser pour aller chez le roi, il retourna le voir le plus rapidement possible, et le trouva totalement changé. Il était hors de lui-même, souhaitait perdre la vie et la raison, ayant reçu une nouvelle pire que la mort de Mme de Tournon : elle lui était infidèle, et il l'apprenait plongé dans le désespoir, privé du secours de la jalousie.

M. de Clèves dit quelle fut sa stupéfaction lorsque Sancerre lui apprit l'infidélité de Mme de Tournon, et comment elle avait promis le mariage à M. d'Estouteville qui, voulant trouver de la consolation, venait de tout révéler à Sancerre, son ami intime, qui l'avait cru menteur ou visionnaire* jusqu'à ce qu'il lui eût montré des lettres passionnées qu'elle lui avait écrites. Sancerre reprit ses lamentations, ne trouvant aucune douleur comparable à la sienne, douleur de la trahison et de la mort, douleur injuste payée à une passion feinte, impossible à combattre de quelque façon que ce fût. Il ne voulait plus voir M. d'Estouteville ; il n'avait rien à lui reprocher, il avait même pitié de lui ; mais il lui faisait horreur. Pour finir cette histoire, M. de Clèves raconte la nuit qu'il a passée en compagnie de Sancerre, sans parvenir à l'aider.

Après avoir encore une fois admiré l'adresse et la dissimulation de Mme de Tournon, M. de Clèves prend congé de sa femme pour retourner auprès du malheureux Sancerre, et lui demande de venir à Paris recevoir les visites de condoléances.

COMMENTAIRE

Cette nouvelle digression vient combler la première retraite de Mme de Clèves à la campagne. M. de Clèves, qui prend en charge le récit, apparaît de plus en plus comme une incarnation de ce que l'on appelait alors l'honnêteté. Il propose à son épouse deux peintures vivantes des méfaits de la passion : l'avilissement de la duplicité, et le désespoir de la passion bafouée.

M. de Clèves ou l'honnêteté

De plus en plus, au fil des pages, et jusqu'au moment où la douleur le vaincra, M. de Clèves semble s'identifier avec l'idéal de l'honnête* homme.

Il a déjà fait preuve de grandeur d'âme en cherchant à épouser Mlle de Chartres au risque de briser l'alliance de sa famille avec la toute-puissante duchesse de Valentinois, puis en demandant à sa future femme de ne pas l'épouser par obéissance. Par la suite, s'il lui reproche de ne pas l'aimer, il le fait en termes délicats (p. 50).

Avec l'aventure de Mme de Tournon, M. de Clèves montre qu'il connaît les usages du monde et de la cour. Il est au fait des intrigues royales et devine rapidement ce que son ami Sancerre voudrait lui cacher. Mais il fait également preuve de qualités plus profondes qui sont la justification de l'idéal de l'honnêteté. Il sait garder le secret d'un ami, puisqu'il n'a pas révélé à sa femme celui de Sancerre avant le dénouement de son intrigue amoureuse. Il n'abandonne pas ses amis lorsqu'ils ont besoin de lui, même s'il lui en coûte. Il est, enfin, capable d'un amour désintéressé, et accepterait que sa femme aime quelqu'un d'autre, à la condition qu'elle fasse preuve de sincérité.

La perfection morale de son mari donne à Mme de Clèves la conviction de son indignité. Lorsqu'il la félicite d'être si différente des autres femmes, elle lui demande d'attendre encore avant de la trouver digne de lui. C'est un premier pas vers l'aveu, et son mari lui en fait faire un autre lorsqu'il prétend estimer la sincérité avant toute chose.

Mme de Tournon ou la duplicité

La ressemblance entre Mme de Tournon et Mme de Clèves est signalée dès le début de l'aventure par l'oraison funèbre que prononce Mme de Clèves ; elle était jeune et belle et paraissait pleine de sagesse et de mérite. La question que se pose Mme de Clèves devient l'un des moteurs de notre lecture : si nos apparences sont si voisines, notre être véritable l'est-il aussi ? Vais-je me comporter comme cette femme que je condamne ?

À la suite de la mort de son mari, Mme de Tournon a fait des déclarations intempestives de ne pas se remarier. Notons que le statut de veuve était le plus enviable pour une femme ; par le mariage une femme quittait l'autorité de ses parents pour tomber sous celle de son mari (on voit par exemple que Mme de Clèves a besoin de la permission de son mari pour aller à la campagne). Seules les veuves étaient légalement libres et responsables. Mme de Tournon entend donc garder sa liberté mais ne peut résister au seul homme qu'elle rencontre puisqu'elle ne va que chez la sœur de M. de Sancerre, en dehors des heures habituelles de visite. Elle lui promet de l'épouser, probablement pour le faire patienter car ce mariage nuirait à sa fortune et à sa situation sociale. Au bout de deux ans, elle semble prête à le faire et recommence à se montrer dans le monde. Elle lui recommande cependant le secret le plus absolu, même avec ses amis intimes. C'est alors qu'elle fait la rencontre de d'Estouteville, dont la naissance et la fortune sont supérieures à celles de M. de Sancerre, puisque le père de Mme de Tournon est susceptible de l'accepter pour gendre. Elle décide alors d'épouser d'Estouteville, mais veut faire croire à M. de Sancerre qu'elle obéit à un ordre paternel, dans un but qui n'est pas précisé par M. de Clèves (éviter un scandale, garder un double commerce ?).

Sancerre ou la passion bafouée

Ce qui déchire M. de Sancerre, c'est de payer une vraie douleur à une passion qui fut feinte. Il sait que Mme de Tournon ne mérite pas qu'il souffre pour elle, mais il n'est plus maître de ses réactions.

C'est, pour Mme de Clèves, l'exemple des conséquences d'une passion pour une personne sans sincérité, comme M. de Nemours a la réputation de l'être.

9. LES VISITES DE CONDOLÉANCES

De la page 80 : « Mme de Clèves consentit à son retour [...] » à la page 87 : « [...] qui avait si bonne opinion d'elle. »

RÉSUMÉ

Les dernières paroles et la mort de Mme de Chartres ont suspendu les sentiments de Mme de Clèves, au point qu'elle les croit entièrement effacés.

La visite de la reine dauphine

Le soir de son retour, la reine dauphine lui apporte les dernières nouvelles de la cour. Il est maintenant certain que M. de Nemours est amoureux. Bien qu'il n'ait mis personne dans la confidence, on ne peut douter que seule une passion violente puisse le faire renoncer à la couronne d'Angleterre. En dépit de l'avis du roi, il ne veut plus considérer avec sérieux les nouvelles qu'envoie Lignerolles ; il prétend que la reine Élisabeth lui préférera le roi d'Espagne, ou le Milord Courtenay, qu'elle a déjà aimé voilà quelques années, et qu'il sera la risée de toute l'Europe. Le roi ne parvient pas à le persuader qu'il n'a aucun rival véritable ; pourtant, il l'assure que Philippe II a d'autres projets ; quant au Milord Courtenay, on vient d'apprendre qu'il est mort à Padoue, où la reine Marie l'avait relégué par jalousie.

L'ami intime de M. de Nemours, le vidame de Chartres, ne le reconnaît plus et, ce qui l'étonne le plus, il croit à certains signes que M. de Nemours aime une femme qui ne répond pas à son amour.

Mme de Clèves est pénétrée de reconnaissance et de tendresse pour ce prince, qui sacrifie pour elle les espérances d'une couronne ; son trouble ne peut être représenté. La reine dauphine, n'ayant aucun soupçon de la vérité, ne s'aperçoit de rien et doit quitter Mme de Clèves pour se rendre auprès de Madame Elisabeth qui vient d'apprendre qu'elle n'épousera pas Don Carlos mais Philippe II, son père, condition exigée par l'Espagne pour la paix. Elle est inconsolable, tandis que Madame Marguerite, la sœur du roi, reçoit par le même traité le bonheur d'épouser enfin M. de Savoie.

Les visites de M. de Nemours

Pour aller chez Mme de Clèves, M. de Nemours attend l'heure où elle se trouve seule. Elle est sur son lit, il s'assied en face d'elle avec la timidité que donnent les véritables passions. Ils restent assez longtemps sans parler ; enfin M. de Nemours lui fait des compliments sur son affliction, et en termes assez généraux parle de la passion qu'il éprouve pour elle, des changements qu'elle a provoqués dans sa personne, de tout ce à quoi il a renoncé.

Mme de Clèves ne sait que faire ; elle voit bien qu'elle ne doit pas souffrir de tels propos, mais elle ne veut pas avouer qu'elle a compris le sens particulier de paroles si générales ; d'ailleurs, son inclination pour ce prince lui donne un trouble qui la laisse interdite. L'arrivée de son mari la sort de cette situation.

Elle abandonne alors l'illusion de ne pas aimer M. de Nemours, et <u>prend la résolution de ne jamais lui laisser deviner cet attachement</u>. Elle se sert de son deuil pour se montrer aussi peu que possible ; elle évite les endroits où il pourrait se trouver. M. de Nemours, s'apercevant qu'elle ne participe à aucune des assemblées, s'éloigne de la cour, mais il profite bientôt d'une maladie de M. de Clèves pour passer la plus grande partie de la journée dans la chambre de son ami, en présence de Mme de Clèves, qui parvient cependant à se contraindre de quitter la pièce lorsque son amant s'y trouve. Mais son mari n'admet pas qu'elle continue à fuir le monde, maintenant que son deuil s'estompe. Elle pense alors un moment lui dire que le bruit s'est répandu que M. de Nemours était amoureux d'elle. <u>Mais la honte de se servir d'une fausse raison l'arrête.</u>

COMMENTAIRE

Mme de Clèves doit revenir à Paris, pour une raison de bienséance* : les visites de condoléances. Elle en reçoit beaucoup mais le récit n'en développe que deux : celles de la reine dauphine et de M. de Nemours. À travers elles, se dessine une nouvelle étape des relations entre un homme entièrement occupé de sa passion et une femme qui perd la maîtrise d'elle-même.

Un homme passionné

M. de Nemours a tellement changé que ses amis ne le reconnaissent plus. Ce thème, déjà ébauché au moment de la maladie de Mme de Chartres, est ici développé par la reine dauphine, comme une nouvelle extraordinaire de la cour, puis par M. de Nemours, en termes généraux, comme une preuve de son amour.

M. de Nemours a une réputation d'homme à galanteries, qui a l'habitude que les femmes répondent à son amour. Or, son ami le vidame a compris à quelques signes qu'il n'a pas cette fois obtenu les faveurs de celle qu'il aime. Mais le plus étonnant, c'est qu'il est sur le point de renoncer à la plus grande des fortunes, qui est à sa portée, et qu'il résiste même aux instances du roi.

D'ailleurs, M. de Nemours utilise tout cela pour montrer à Mme de Clèves la violence et la sincérité de sa passion, en termes généraux mais suffisamment précis pour être entendus.

C'est la timidité que donnent, selon le texte, les véritables passions, qui empêche M. de Nemours de s'exprimer plus clairement. Il demeure néanmoins très entreprenant, rend visite à Mme de Clèves lorsqu'il pense qu'elle doit être seule, profite de la maladie de M. de Clèves, comme il l'avait fait de l'agonie de Mme de Chartres, et comme il le fera de la mort de M. de Clèves, pour essayer de rencontrer sa maîtresse.

Toutes les actions d'un personnage passionné comme M. de Nemours sont subordonnées à sa passion, qui remplace tous les centres d'intérêt et toutes les valeurs morales.

Une femme vaincue

La toujours naïve Mme de Clèves a pu croire qu'un très bref séjour à la campagne, joint aux dernières paroles de Mme de Chartres, avait « entièrement effacé » ses sentiments.

Mais ce n'est qu'une « suspension », brisée par les propos de Mme la Dauphine, véritable « poison », qui dissipe les craintes nées de la conversation avec sa mère et du récit de l'aventure de Mme de Tournon. Ce qu'elle éprouve alors de nouveau, c'est de la reconnaissance, qui vient s'ajouter à son inclination naturelle pour M. de Nemours. Elle sent alors se rallumer sa jalousie.

La visite de M. de Nemours la met dans un trouble qui l'empêche de parler, surtout après la déclaration, qu'elle a très bien comprise. Cette visite se trouve interrompue tout à fait fortuitement par l'arrivée de M. de Clèves, alors que M. de Nemours était peut-être sur le point de s'apercevoir de l'état de Mme de Clèves.

Elle prend alors conscience du progrès de ses sentiments. Ils sont si violents qu'elle ne peut occuper son esprit à autre chose, pas même à la suite de l'histoire de M. de Sancerre. Dès ce moment, elle sait qu'elle est vaincue par sa passion, sans espoir de se libérer. Mais elle décide de ne jamais donner à M. de Nemours de signe de ce qu'elle ressent pour lui. Pour cela, elle doit le fuir. Mais la maladie de M. de Clèves lui donne l'occasion de passer de longs moments à ses côtés, au chevet du malade.

Nous rencontrons ici une nouvelle pierre d'attente de la scène de l'aveu : Mme de Clèves se trouve sur le point d'avouer à son mari une partie de la vérité ; mais sa vertu lui interdit d'employer une fausse raison. Elle se trouve alors comme prise dans un piège, sans aucun espoir de ne plus voir M. de Nemours.

10. DE RETOUR À LA COUR

De la page 87 : « Quelques jours après [...] », à la page 91 : « [...] plusieurs questions sur la reine Elisabeth. »

RÉSUMÉ

Une conversation mondaine

Quelques jours plus tard, chez la reine, s'élève une discussion sur le crédit qu'on peut accorder à l'astrologie ; les avis sont partagés, jusqu'au moment où le roi raconte qu'on lui a prédit qu'il mourrait en duel ; il lui semble difficile d'imaginer qu'il aille, comme son père avec Charles Quint, appeler Philippe II en combat singulier. Après une prédiction si funeste, personne n'ose plus soutenir le parti de l'astrologie.

M. de Nemours dit alors tout bas à Mme de Clèves qu'il ne doit pas croire en l'astrologie puisqu'on lui a prédit qu'il sera heureux par les bontés de la personne pour laquelle il aura la plus violente et la plus respectueuse passion. La reine dauphine lui demande de répéter tout haut ce qu'il vient de dire ; sa présence d'esprit lui fait parler de la prédiction d'une très haute fortune*, ce que tout le monde interprète comme le mariage avec la reine Elisabeth.

Maintenant, Mme de Clèves rencontre très souvent M. de Nemours, et avec un trouble dont il s'aperçoit facilement, grâce à son expérience de la passion amoureuse. Entre lui et le chevalier de Guise, qui a deviné sa passion, est née une émulation si puissante qu'ils ne parviennent pas à la cacher.

La vie d'Anne de Boulen

Mme de Clèves ne peut contenir sa curiosité sur l'affaire d'Angleterre. Mais elle n'ose s'en informer et se contente de questions sur la reine Elisabeth. Elle la trouve si belle sur l'un de ses portraits, qu'elle ne peut s'empêcher de dire qu'il est flatté.

Pour la détromper, la reine dauphine fait l'éloge de la reine d'Angleterre, belle et d'un esprit fort au-dessus du commun, si l'on en croit sa réputation. D'ailleurs, elle doit être extrêmement aimable, si elle ressemble à sa mère, Anne de Boulen, qui appartenait à une bonne maison d'Angleterre ; Henri VIII avait aimé sa sœur et sa mère ; on a même soupçonné qu'elle était sa fille. Venue en France pour accompagner l'épouse de Louis XII, elle ne voulut pas en repartir à la mort de ce roi. François Ier devint amoureux d'elle. Attachée à Marguerite de Navarre, elle prit auprès d'elle les teintures de la nouvelle religion. À son retour en Angleterre, elle charma tout le monde et Henri VIII tomba éperdument amoureux d'elle. Par ressentiment contre l'Empereur, le cardinal de Wolsey, favori et premier ministre de Henri VIII, mit dans l'esprit de ce roi que son mariage avec la tante de l'Empereur était nul. Lors de l'entrevue de Boulogne entre Henri VIII et François Ier, Anne de Boulen, qui était logée chez le roi d'Angleterre, fut traitée en reine par le feu roi. Enfin, après neuf années de passion, Henri VIII l'épousa sans attendre la dissolution de son mariage. Mécontent du pape, il se déclara chef d'une nouvelle religion.

Mais Anne de Boulen ne jouit pas longtemps de sa grandeur car Henri VIII fut pris un jour d'un tel accès de jalousie contre elle et son frère qu'il ordonna de les arrêter, avec plusieurs autres, qu'il croyait amants ou confidents de cette reine. Trois semaines plus tard, le roi épousa Jeanne Seymour, après avoir fait couper la tête d'Anne de

Boulen et celle de son frère. Il eut ensuite plusieurs femmes, puis mourut, étant devenu d'une grosseur prodigieuse.

COMMENTAIRE

Jusqu'à l'accident de M. de Nemours se développe une série de scènes de la vie de cour, dont les deux premières sont des cas exemplaires d'un certain type de conversation mondaine : la conversation thématique. Elles entretiennent toutes les deux un rapport avec l'histoire, mais une histoire traitée comme un roman. Dans ces deux scènes, on voit Mme de Clèves entièrement occupée de M. de Nemours, en sa présence ou pendant son absence.

L'histoire comme un roman

Ce qui intéresse Mme de Lafayette, dans l'histoire, ce sont tous les événements extraordinaires et pathétiques susceptibles de fournir des sujets de roman.

Le caractère prophétique de la première conversation annonce une scène ultérieure du roman et produit un effet pathétique, peut-être facile, en montrant ce roi, que rien ne semble devoir inquiéter, proche de sa fin qu'on lui montre, et qu'il ne veut pas voir. Cette aventure extraordinaire arrivera à son heure.

Le passé fournit déjà le sujet d'un autre récit, confié à la reine d'Écosse, Marie Stuart qui, véritable ironie tragique, fait l'éloge de celle qui la fera mourir. Sous prétexte de donner à Mme de Clèves des informations sur sa rivale, Mme de Lafayette se laisse aller à une digression sur l'amour, la jalousie, la politique et la mort à la cour de Henri VIII d'Angleterre. On insiste beaucoup sur la monstruosité, qu'elle soit physique comme celle du roi anglais à la fin de ses jours, ou morale : ambitions, jalousie et passions aux conséquences monstrueuses. Toutes reçoivent d'ailleurs leur châtiment. Mais ce que ce récit tend à montrer, c'est que le monde est dirigé par la passion amoureuse : de diverses façons, c'est Anne de Boulen qui se trouve à l'origine de l'hérésie anglicane. L'attitude de Henri VIII est proche de celle de Philippe II qui subordonne la conclusion de la paix à son mariage avec Élisabeth de Valois, et de celle de Henri II qui subit la domination de sa maîtresse. Trois des plus puissants rois sont gouvernés par leurs passions. Comment une très jeune femme ne le serait-elle pas ?

Vers la chute

De retour à la cour, Mme de Clèves se laisse guider par son inclination pour le duc de Nemours. Elle le voit très souvent, probablement plusieurs fois par jour, et jamais sans un trouble qu'elle ne parvient pas à lui cacher, malgré sa prudence et la résolution qu'elle a prise.

Elle lui permet de s'asseoir auprès d'elle et laisse s'établir entre eux une sorte d'intimité qui trouvera son accomplissement dans la scène de la lettre. Il fait ainsi preuve d'esprit uniquement pour briller à ses yeux et la faire entrer dans une complicité, puisqu'ils sont seuls à comprendre le sens exact de l'allusion de M. de Nemours à une « haute fortune ».

Son esprit est de plus en plus occupé par M. de Nemours, et l'affaire d'Angleterre l'inquiète. Elle se montre jalouse de sa rivale, sur la simple vue d'un portrait et apprend à dissimuler ses véritables motivations sous un voile, ici celui d'une curiosité historique. On ne peut s'empêcher d'établir un parallèle entre son attitude présente et ses questions sur la duchesse de Valentinois. À cette étape de son évolution, Mme de Clèves n'avait pas encore conscience des raisons de sa curiosité.

Ce qui est caractéristique et spécifique de ces deux aventures, c'est l'absence de remords. Mme de Clèves semble à ce moment se laisser glisser sans crainte vers ce que sa mère appelait un précipice.

11. DES ÉMOTIONS INCONTRÔLABLES

De la page 91 « La reine dauphine faisait faire des portraits en petit [...] » à la page 100 : « [...] relire la lettre qu'elle avait entre les mains. »

RÉSUMÉ

Le vol du portrait
La reine dauphine fait peindre de petits portraits pour les envoyer à sa mère. Le jour où l'on achève celui de

Mme de Clèves, elle vient passer l'après-midi chez elle, et M. de Nemours ne manque pas de se trouver parmi ceux qui l'accompagnent. Elle souhaite voir le portrait de Mme de Clèves qui appartient à son mari ; cette princesse profite de l'occasion pour y faire porter une retouche ; le peintre sort le portrait de sa boîte et, après avoir obéi à Mme de Clèves, le remet sur la table.

Depuis longtemps, M. de Nemours veut un portrait de Mme de Clèves. Profitant de l'agitation, il le dérobe si adroitement que personne, sauf Mme de Clèves, ne l'aperçoit. Elle n'ose le réclamer publiquement, de crainte de faire connaître la passion de ce prince, ni en particulier pour ne pas lui donner l'occasion d'une déclaration. M. de Nemours, qui s'aperçoit qu'elle l'a vu, se retire chez lui pour profiter sans retenue du bonheur que lui donne la certitude d'être aimé.

Les premiers remords

Le soir, on cherche en vain le portrait et M. de Clèves, très affligé de cette disparition, fait remarquer à sa femme, sur le ton de la plaisanterie, qu'elle a probablement un amant caché à qui elle l'a donné.

Ces paroles lui donnent des remords. Elle se met à penser à la violence de l'inclination qui l'entraîne vers M. de Nemours ; elle voit qu'elle n'est plus maîtresse de son visage ni de ses discours, que plus rien ne la protège. Elle veut un instant tout avouer à son mari, puis considère cette idée comme une folie et retombe dans l'embarras.

L'accident de M. de Nemours

On prépare maintenant les deux noces royales, prévues à quelques jours d'intervalle ; le roi fait organiser un tournoi.

Un jour, à la fin d'une partie de paume, Chastelart, un gentilhomme dévoué à la reine dauphine, lui présente une lettre tombée de la poche de M. de Nemours. Puis toute la cour va visiter les travaux de la lice, où le roi fait venir des chevaux qu'il veut monter bien qu'ils ne soient pas encore dressés. Il en fait donner à ceux qui l'ont suivi, et le sien et celui de M. de Nemours se jettent l'un contre l'autre. Pour ne pas blesser le roi, ce prince recule et tombe. On le croit blessé, et Mme de Clèves ne songe même pas à cacher son appréhension ; le chevalier de Guise s'en aperçoit aisément. En se réveillant, M. de Nemours voit d'abord Mme de Clèves, et la regarde avec reconnaissance. Le chevalier de Guise déclare à Mme de Clèves qu'il est plus à plaindre que M. de Nemours et que ce qu'il a vu lui fait désirer l'exil et la mort.

Lorsque M. de Nemours paraît chez la reine, peu de temps après, il ne semble pas se ressentir de son accident ; il est au contraire plus gai que de coutume. Seule, Mme de Clèves ne lui demande pas de ses nouvelles, mais en passant près d'elle, il lui dit tout bas qu'il est plus digne de sa pitié qu'elle ne le pense. C'est pour elle une grande douleur de s'apercevoir qu'elle ne parvient plus à cacher ses sentiments.

Les tourments de la jalousie

Mme la Dauphine confie la lettre à Mme de Clèves pour qu'elle essaie d'en reconnaître l'écriture. Le choc reçu par cette princesse en apprenant que M. de Nemours a laissé tomber une lettre galante l'empêche d'abord de bouger ; puis, dès qu'elle le peut, elle s'empresse de rentrer chez elle.

C'est une lettre de rupture envoyée par une femme qui se plaint d'une trahison. Elle la découvrit comme elle venait de montrer toute sa passion à son amant. Elle en devint malade mais, après beaucoup d'hésitations, elle décida de ne pas manifester sa douleur pour faire croire que sa passion s'éteignait d'elle-même et ne pas augmenter le triomphe de sa rivale. Elle voulut rallumer les sentiments de son amant, avant de l'abandonner. Parvenue à ses fins, elle put enfin jouir du plaisir de se venger.

Bien qu'elle la relise plusieurs fois, Mme de Clèves ne réussit pas à comprendre cette lettre. Tout ce qu'elle voit, c'est qu'elle s'est trompée sur M. de Nemours. Elle s'imagine qu'elle souffre de la honte de lui avoir manifesté de l'attachement, alors qu'elle sent toutes les horreurs de la jalousie. Celle qui a écrit la lettre lui semble pleine d'esprit et digne d'être aimée, elle admire sa force. Elle comprend à présent le motif réel de la discrétion de M. de Nemours ! Elle se repent d'avoir laissé paraître ses sentiments : il aurait été préférable de tout découvrir à M. de Clèves. Il lui reste comme seule consolation la certitude d'être entièrement guérie de son inclination. Elle oublie d'aller chez Mme la Dauphine, feint d'être malade et passe toute la nuit à s'affliger et à relire la lettre.

COMMENTAIRE

Lignerolles revenu d'Angleterre, ses soupçons sur la reine dauphine disparus, Mme de Clèves n'a plus de crainte sur la passion de M. de Nemours. Elle s'abandonne tant à ses émotions qu'elle laisse paraître malgré elle des signes de ses sentiments. Mais, simultanément croissent ses remords et son repentir, surtout lorsqu'elle croit découvrir la vraie nature de celui qu'elle aime.

L'abandon

L'ironie du texte souligne l'incapacité de Mme de Clèves à maîtriser ses réactions et à comprendre ses sentiments. Plus que tous les autres, elle croit M. de Nemours blessé par son accident. Elle se console de sa jalousie en s'imaginant qu'elle l'aura guérie de son inclination alors qu'elle a produit, comme on peut s'y attendre, un effet tout contraire.

Mme de Clèves offre à M. de Nemours deux signes manifestes de sa passion : le don forcé du portrait, et son émotion lors de l'accident. Ayant vu M. de Nemours dérober son portrait, elle tient un raisonnement que n'aurait pas désavoué un casuiste, pour se convaincre qu'elle ne peut interdire à M. de Nemours de l'emporter. C'est, à travers ce fétiche, une véritable trahison de M. de Clèves. Une fois de plus, le texte insiste sur la façon dont Mme de Clèves est menée par sa passion : elle n'a jamais une connaissance exacte des mobiles de ses actions. Dans la seconde aventure, elle ne peut cacher sa peur, ni sa pitié, pas plus au chevalier de Guise qu'à M. de Nemours. Son attitude avec le chevalier de Guise, qui lui est indifférent, met en relief l'intérêt qu'elle porte à M. de Nemours.

M. de Nemours apprécie tous ces aveux involontaires et indirects comme il le doit ; il comprend, grâce à l'expérience qui fait sa supériorité sur sa maîtresse, qu'elle l'aime malgré elle, et il voit « dans toutes ses actions cette sorte de trouble et d'embarras que cause l'amour dans l'innocence de la première jeunesse ». Encouragé par toutes ces marques d'intérêt, il demande à sa maîtresse d'avoir pitié de lui.

On peut relever deux différences essentielles entre les deux amants. M. de Nemours est plus actif que sa maîtresse qui, lorsqu'il est là, ne peut faire autre chose que subir un trouble croissant. Il est également plus expérimenté, et capable de lire dans les réactions de celle qu'il aime. Mais il ne faudrait pas faire de lui un roué comme Valmont dans *Les Liaisons dangereuses*, plusieurs décennies plus tard. Si M. de Nemours maîtrise mieux son comportement que Mme de Clèves, il ne contrôle pas mieux qu'elle ses sentiments, et il ne cherche pas à nuire à celle qu'il poursuit.

C'est même bien malgré lui qu'il la fait souffrir à la faveur d'un quiproquo pathétique. Elle connaît brutalement, alors qu'elle n'a plus aucune crainte et qu'elle vient de montrer ses sentiments à son amant, les tourments de la jalousie : elle admire sa rivale, lui trouve toutes sortes de qualités qui la rendent digne d'être aimée, et avant tout la force de son caractère qui lui permet de dissimuler ses sentiments.

Remords, douleur et repentir

Contrairement à ce qui s'était produit précédemment, dans les conversations sur l'astrologie et sur Anne de Boulen, le texte développe ici les remords de Mme de Clèves après le vol du portrait, sa douleur d'avoir manifesté son amour à M. de Nemours au moment de son accident, et son repentir général après la lecture de la lettre.

Les paroles de son mari après le vol du portrait lui font effectuer un retour sur elle-même. Elle s'aperçoit alors qu'elle a franchi une étape supplémentaire dans son attachement à M. de Nemours. Contrairement au but qu'elle s'était fixé, elle n'a pas réussi à ne lui donner aucun signe de son inclination. Elle se reproche de ne pas le fuir.

Mais c'est, cela se comprend, la lettre et la jalousie qui produisent la plus grande impression sur notre jeune héroïne. Non seulement cette lettre lui donne à croire qu'elle a été trahie, mais en outre, elle lui offre une représentation exemplaire de sa situation, puisque celle qui l'a écrite a appris l'infidélité de son amant au moment où elle venait de lui donner des signes clairs de sa passion, ce que Mme de Clèves vient de faire. À ce moment, elle se repent de n'avoir pas insisté pour quitter le monde.

Elle conçoit alors le projet d'un aveu complet et sincère. Cette idée trouve son origine dans la conjonction de la certitude que M. de Clèves est digne d'être aimé, et du sentiment que M. de Nemours ne l'est pas. C'est donc à M. de Clèves qu'elle devrait révéler l'inclination qu'elle a pour M. de Nemours ; elle parviendrait ainsi à convaincre son mari de l'éloigner du monde. La première fois qu'elle envisage cette solution, elle la considère bientôt comme une chose insensée. Mais l'effet de la lettre est si violent qu'elle n'a plus la même opinion après l'avoir lue.

12. UN HOMME INFIDÈLE

De la page 100 : « Mme de Clèves n'était pas la seule personne [...] » à la page 110 : « [...] l'aller retirer des mains de Mme la Dauphine. »

RÉSUMÉ

Les inquiétudes de M. le vidame
Le vidame de Chartres n'est guère plus tranquille que Mme de Clèves. C'est lui, et non pas M. de Nemours, qui a perdu cette lettre. Quand il s'en est aperçu, le soir, il est rentré précipitamment chez lui où il a appris que la lettre qu'il recherchait, tombée de sa poche et ramassée par Chastelart, circulait dans le monde.

En pleine nuit, il se rend chez un ami intime de Chastelart, pour qu'il lui demande cette lettre sans dire qui la réclame. Chastelart lui fait répondre qu'elle a été remise entre les mains de la reine dauphine.

La faveur d'une reine
Le vidame de Chartres va chez M. de Nemours, entre dans sa chambre comme le jour commence à paraître, lui raconte la perte de la lettre et lui demande un service qui lui évitera de déshonorer une femme extrêmement estimable et de s'attirer une haine mortelle.

Il souhaite que M. de Nemours dise que la lettre lui appartient, et lui promet de lui donner les moyens de se justifier auprès de sa maîtresse ; car il ne doute pas que M. de Nemours en ait une, même s'il ignore qui elle est.

Il lui confie que la reine a toujours eu de la bonté pour lui et qu'il éprouvait pour elle le plus grand respect, rien au-delà ; d'ailleurs il était amoureux de Mme de Thémines, et en était aimé. Mais depuis deux ans, il avait eu plusieurs conversations particulières avec la reine, dans lesquelles ils étaient souvent du même avis. Un jour qu'ils parlaient de la confiance, elle lui fit comprendre qu'elle avait besoin d'un confident. Touché et flatté, il fit sa cour avec plus d'assiduité. Alors, un soir, elle le prit à part pour le prévenir que l'on avait découvert qu'il était amoureux, et que l'on voulait le surprendre avec sa maîtresse. La reine lui tendait un piège pour savoir s'il avait un attachement, mais il n'y tomba pas car il n'était pas assez heureux pour entretenir un commerce secret avec Mme de Thémines. Il est vrai qu'il en avait un avec une autre femme de la cour, moins belle et moins sévère, mais il était impossible qu'on l'eût découvert et il pouvait l'interrompre sans peine. Il prit donc le parti de ne rien avouer ; la reine, qui ne sembla pas le croire, lui dit cependant qu'elle désirait qu'il fût de ses amis, et lui donna deux jours pour lui dire la vérité, après quoi elle ne lui pardonnerait aucun mensonge.

Dissimulations

Le vidame veut bien avouer que ces deux jours ne lui parurent pas trop longs pour se déterminer ; il n'arrivait pas à choisir entre la satisfaction de sa vanité et sa passion pour Mme de Thémines ; enfin, il décida de tromper la reine. Il lui jura qu'il n'avait d'attachement avec aucune femme de la cour, et elle s'en montra satisfaite, car elle n'aurait pu se fier à la discrétion d'un homme amoureux. Elle lui demanda un attachement exclusif, voulut contrôler le choix de ses amis, l'assura qu'elle prendrait soin de sa fortune. En se confiant ainsi, elle voulait adoucir tous les chagrins que lui causaient la duchesse de Valentinois, la reine dauphine, le connétable de Montmorency et le maréchal de Saint-André.

Mais il ne put combattre, reconnaît-il, l'inclination naturelle qui l'entraînait vers Mme de Thémines ; tout au contraire, son amour redoubla lorsqu'il eut le sentiment qu'elle cessait de l'aimer. Il commit alors beaucoup d'imprudences, et la reine aurait tout découvert si Mme de Thémines ne lui avait fait voir à ce moment qu'elle ne l'aimait plus ; quelque temps après, elle lui écrivit cette lettre qu'il a perdue. A ce moment, la reine était assez contente de lui, mais, comme il n'éprouvait pas de passion pour elle, et que la volonté n'a que peu de pouvoir sur ces sentiments, il tomba amoureux de Mme de Martigues pour qui il avait déjà eu de l'inclination avant son mariage, lorsqu'elle faisait partie des filles* de la reine dauphine.

La reine n'eut aucun soupçon de cet attachement, mais elle en conçut un autre, et bien plus grave, en voyant que depuis quelque temps il se rendait plus souvent que de coutume chez Mme la Dauphine. Il explique à M. de Nemours qu'elle s'imagina qu'il était amoureux de cette reine, qu'elle haïssait à cause de sa jeunesse et de sa beauté. Le cardinal de Lorraine, qui aurait bien voulu remplir sa place, lui rendit toutes sortes de mauvais services. Si la reine voyait cette lettre, qu'il avait prise pour la rendre à Mme de Thémines, elle comprendrait qu'il l'avait trompée. Mais si elle ne la voyait pas, elle penserait que la reine dauphine en était l'auteur, puisque Chastelart la lui avait remise. De plus, Mme de Martigues la verrait et elle la croirait écrite depuis peu.

Aussi le vidame supplia-t-il le duc de Nemours de retirer la lettre des mains de Mme la Dauphine.

M. de Nemours accepte d'apporter son aide

M. de Nemours est au comble de l'étonnement. Malgré sa réputation d'amant infidèle, il n'aurait jamais osé s'imaginer ce que le vidame a entrepris : il fallait, par reconnaissance, éviter de prendre un nouvel engagement, et ménager la passion de la reine.

Le vidame admet qu'il a mal agi, mais juge tout reproche déplacé dans la bouche d'un homme tel que M. de Nemours. Il le conjure d'aller réclamer cette lettre. D'ailleurs, la reine dauphine est déjà convaincue qu'elle lui appartient. La lettre est tombée dans un moment où les gens de M. de Nemours et les siens sont allés chercher les vêtements de leurs maîtres. Parmi les gentilshommes présents, Chastelart, qui l'a prise, l'a donnée à la reine dauphine pour une lettre appartenant à M. de Nemours.

Malgré l'affection qu'il porte au vidame, M. de Nemours ne veut pas se risquer à montrer à la reine dauphine qu'il porte intérêt à cette lettre, jusqu'au moment où son ami lui donne le moyen de se justifier auprès de sa maîtresse. C'est un billet, sur lequel figure son nom, qu'une amie de Mme de Thémines lui a envoyé pour lui réclamer la lettre.

COMMENTAIRE

Cette digression, la dernière du roman, s'insère dans le déroulement de l'action principale grâce à un dispositif très complexe, qui n'est pas indifférent au plaisir de la lecture. S'y trouve développée une nouvelle aventure exemplaire dans laquelle on peut entrevoir le portrait d'un type humain qui s'oppose à l'honnête homme : le galant homme.

Une excellente digression

Il s'agit bien d'une digression, puisque le texte quitte le sujet qui est le sien, l'éducation sentimentale de Mme de Clèves, pour développer une aventure à laquelle l'héroïne ne participe pas. La digression du roman de l'époque classique est héritée de l'« épisode » des romans légèrement antérieurs, ceux de l'époque baroque. Comme lui, elle est prise en charge par l'un des personnages du roman ; comme lui, elle est un moyen d'élargir le champ du récit, en faisant intervenir de nouveaux personnages et en autorisant des retours en arrière. Mais on attendait d'elle une liaison nécessaire au sujet principal du roman, et c'est pour cela que les critiques contemporains de *La Princesse de Clèves* ont jugé cette digression excellente. Elle lève en effet une très cruelle menace sur l'héroïne et sa passion ; elle va conduire les deux amants au plus beau moment d'intimité et de complicité qu'ils connaîtront du vivant de M. de Clèves.

Le plaisir de la lecture

Cette digression occupe le centre d'une construction très savante, destinée à donner à Mme de Clèves un accès de jalousie sans fondement, dans un temps suffisamment bref pour empêcher, sans invraisemblance, une personne si passionnée et si inexpérimentée de prendre des résolutions définitives ou d'accomplir des actes irrémédiables. Le récit du vidame de Chartres occupe le début de la matinée qui suit la perte de la lettre, et l'accident du duc de Nemours. Entre la perte de la lettre et la rédaction de la fausse lettre ne s'écoulent pas plus de vingt-quatre heures. Cette accumulation d'actions diverses dans un temps très court donne au récit une rapidité qui entraîne le lecteur.

Le récit des aventures du vidame est d'abord reçu comme l'explication de la lettre. On y trouve le plaisir de celui qui résout une énigme, et même davantage puisqu'un lecteur attentif ne peut manquer d'avoir lui-même formulé une partie de l'énigme. Lorsque, en effet, il a découvert le texte de la lettre perdue, à travers les yeux de Mme de Clèves, il s'est posé des questions que l'héroïne, dans sa pureté, ne se pose pas : qui peut bien être celle qui a écrit la lettre, et cette autre dont elle est jalouse ? Mais le lecteur s'en pose une autre, plus importante : comment, étant donné ce que je connais de M. de Nemours, de la sincérité de sa passion, cela est-il possible ? Car il en sait plus long que l'héroïne là-dessus.

Malgré cela, la surprise est absolue. Tout lecteur, même le plus attentif, est victime du leurre. Une phrase discrète qui introduit la digression le fait revenir de son erreur et lui donne le plaisir d'une surprise heureuse, en lui apportant la principale clef de l'énigme : « Le vidame de Chartres, qui l'avait perdue, et non pas M. de Nemours... » On apprend le nom du destinataire, puis de l'auteur de la lettre, et d'autres circonstances, tout en sachant que, pendant le périple nocturne du vidame de Chartres, Mme de Clèves souffre de tourments injustes. Mais cette digression excède l'explication littérale du texte de la lettre, puisqu'elle fournit à M. de Nemours, qui n'a pas lu la lettre, et au lecteur du roman, qui l'a lue, des informations que ne possédait pas son auteur (l'état des relations entre le vidame et la reine) et qui sont indispensables pour comprendre les mobiles des personnages et les enjeux de leurs actions.

Une aventure exemplaire

L'intérêt de cette digression dépasse ses fonctions dramatiques (son importance pour l'intrigue du roman) et herméneutique (son rôle d'explication de la lettre énigmatique). Le lecteur y rencontre une aventure exemplaire, qui pose derechef une question déjà débattue dans *La Princesse de Clèves* : qu'est-ce que l'amour ? Existe-t-il un amour véritable, sincère et durable ? Peut-on aimer véritablement dans une telle cour ? Comment distinguer un amour véritable d'un attachement intéressé ?...

L'imbroglio politique et sentimental dans lequel s'est placé le vidame apporte une réponse très pessimiste à toutes ces questions. Le vidame de Chartres est un jeune homme extrêmement séduisant, le seul digne d'être comparé au duc de Nemours, d'après ce que nous a appris son portrait. Il se trouve donc pris dans un réseau de galanteries. Il devient le confident de la reine, et M. de Nemours ne s'y trompe pas : c'est parce qu'il en est violemment aimé. Mais il n'éprouve pour elle que du respect, probablement à cause de son âge (quarante ans), puisqu'il juge utile de préciser que « sa personne est encore extrêmement aimable ». Il ne pense pas que l'on puisse rester maître de ses passions, ni même de ses inclinations : il ne peut rompre avec Mme de Thémines, ni s'empêcher de la remplacer, quand elle l'a abandonné, par Mme de Martigues, personnes qui doivent avoir l'âge de Mme de Clèves, puisque Mme de Martigues est une ancienne fille de la reine dauphine et une amie de notre héroïne. Mais il n'est pas davantage capable de se satisfaire d'une relation que l'on nomme aujourd'hui fort improprement « platonique » puisque, pourtant amoureux très sincère de Mme Thémines, il entretient un commerce moins sentimental avec une personne qui présente l'inconvénient d'être moins belle, mais l'avantage d'être plus accessible.

Il semble donc que dans cette cour, en politique comme en galanterie, on soit toujours trompeur et trompé, toujours sur le point de transformer un amour qui semble sincère et durable en une haine véritable et indestructible.

Galanterie et honnêteté

Le couple d'amis formé par MM. de Chartres et de Nemours s'oppose à celui que constituent MM. Sancerre et de Clèves.

Sancerre et Clèves sont deux honnêtes hommes, ils n'ont aucun goût pour la galanterie, mais sont totalement sincères dans leurs affections, qu'ils veulent voir durer dans le mariage. Ils sont fidèles en amitié, ne trahissent pas leurs maîtresses. Le contraste entre M. de Clèves et M. de Nemours est sur ce point très parlant. M. de Clèves n'ayant rien à cacher à son ami, ni aucun intérêt secret, peut aider M. de Sancerre spontanément, sans attendre rien de lui. M. de Nemours hésite jusqu'au moment où le vidame de Chartres lui donne le billet qui l'innocente. On a plus l'impression d'une négociation que d'une conversation entre amis.

M. de Nemours et le vidame de Chartres sont deux personnages galants, beaux, brillants, pris dans les intrigues de la cour autant qu'on peut l'être. La conduite du vidame ne semble pas guidée par un autre souci que celui d'éviter le scandale et la vengeance de ceux qu'il a trompés. Il suit ses pulsions, que ce soit l'ambition ou le plaisir de la passion amoureuse. Il ne connaît aucun remords (il admet simplement qu'il a eu tort), et n'est sensible qu'à la crainte.

Cette digression nous permet de mieux comprendre les craintes manifestées à plusieurs reprises par Mme de Clèves sur la capacité de M. de Nemours à aimer véritablement. Bien que sa passion l'ait changé au point de le transformer en donneur de leçons, son passé d'homme à galanteries est assez connu pour que M. le vidame le juge mal venu de le critiquer.

13. UNE JOURNÉE D'INTIMITÉ

De la page 110 : « Je vois bien, dit M. de Nemours [...] »
à la page 118 : « [...] la conjuration d'Amboise
où il se trouva embarrassé. »

RÉSUMÉ

Les éclaircissements

M. de Nemours prend le billet et promet de se rendre chez la reine dauphine le plus tôt possible. En fait, il se dirige chez Mme de Clèves dès qu'il croit qu'elle peut être éveillée. Elle est encore au lit, tout agitée des tristes pensées de la nuit ;

elle refuse de le recevoir, mais il parvient à s'introduire dans sa chambre grâce à M. de Clèves, à qui il fait valoir l'importance de sa visite pour le vidame de Chartres. Sans l'obscurité, Mme de Clèves aurait eu du mal à cacher son trouble. M. de Clèves lui présente le motif de cette visite, puis se retire pour se rendre chez le roi.

Il n'est pas facile d'amener la princesse de Clèves à admettre que la lettre s'adresse au vidame. M. de Nemours a d'ailleurs à peine le temps de s'expliquer car elle l'interrompt sans cesse par des remarques assez aigres qui lui plaisent tant qu'il retarde sa justification. Elle lui conseille d'avouer la vérité à la reine dauphine, à moins qu'il n'ait des raisons cachées de la lui dissimuler, car il est peu vraisemblable qu'une lettre appartenant au vidame de Chartres ait pu tomber de sa poche. Après avoir répété que cette lettre ne lui est pas adressée, et ajouté que ce n'est pas la reine dauphine qu'il veut en persuader, il obtient qu'elle l'écoute. Elle reste d'une grande froideur jusqu'au moment où M. de Nemours lui fait la lecture du billet, qu'elle ne peut s'empêcher de relire en entier, et dont elle reconnaît l'écriture.

Les falsifications inutiles

Elle change alors d'attitude. Ils conviennent qu'il ne faut pas rendre cette lettre à la reine dauphine, de peur que Mme de Martigues n'en reconnaisse l'écriture, ni confier à Mme la Dauphine les secrets de la reine, sa belle-mère.

Mme la Dauphine ordonne à Mme de Clèves de venir et lui reproche de l'avoir mise dans un grand embarras, car la reine a fait demander la lettre à plusieurs reprises. Pour qu'elle n'imagine pas qu'elle l'a remise à Mme de Clèves à cause du vidame, qui est son oncle, elle a dû inventer un prétexte peu vraisemblable. Elle exige qu'elle la lui rende immédiatement, pour la lire avant de l'envoyer à la reine. Mme de Clèves accuse son mari d'avoir rendu la lettre à M. de Nemours. Après avoir essuyé des critiques sévères, elle admet qu'elle a tort, mais prie Mme la Dauphine de songer à réparer sa faute. Cette reine décide que Mme de Clèves fera rédiger une fausse lettre, d'une main inconnue, grâce à ses souvenirs.

Mme de Clèves compte faire recopier la lettre mot pour mot, mais M. de Nemours l'a rendue à M. le vidame qui l'a renvoyée à Mme de Thémines. M. de Clèves, sa femme et M. de Nemours décident de refaire la lettre de mémoire ; rassurée par la présence de son mari, Mme de Clèves goûte une <u>joie pure</u> dans cette nouvelle <u>intimité</u>. M. de Nemours fait durer le temps, interrompt sans cesse Mme de Clèves pour lui dire des choses plaisantes ; elle ne s'ennuie pas, et la lettre n'est pas finie avant quatre heures.

Elle est si mal imitée que la reine ne s'y trompe pas, mais demeure convaincue qu'elle appartient au vidame de Chartres et que la reine dauphine y a quelque part. Dès lors, elle les poursuivra de <u>sa haine</u> jusqu'à la vengeance.

COMMENTAIRE

C'est la seule journée d'intimité et de complicité que connaîtront jamais Mme de Clèves et M. de Nemours ; un moment de « joie pure et sans mélange » pour Mme de Clèves. C'est aussi l'aventure qui conduira Mme de Clèves à l'aveu, quand elle aura pris conscience de ses revirements, et de l'amoralisme de la passion qui vient peu à peu à bout d'une relation conjugale pleine d'honnêteté.

Les revirements de Mme de Clèves

En l'espace de quelques heures, Mme de Clèves va changer plusieurs fois d'état d'âme pour passer de la plus cuisante des douleurs à la joie la plus parfaite et la plus insouciante.

Lorsque M. de Nemours se rend chez elle, elle sort d'une des pires nuits qu'elle ait jamais connues ; elle a « l'esprit aigri et agité ». Elle refuse de le recevoir, puis de l'écouter et l'interrompt continuellement de remarques pleines d'aigreur. Elle est si outrée qu'elle n'a pas conscience d'être en train de montrer à M. de Nemours tout ce qu'elle avait souhaité lui cacher. Elle se comporte comme quelqu'un qui aurait le droit de contrôler les actes de M. de Nemours. Cette scène entre deux amants tire son charme du contraste entre l'attitude de la jeune femme, froide et aigre, aux propos pleins de sous-entendus vifs et piquants, et celle du jeune homme, qui retarde le moment de se justifier pour profiter plus longuement du spectacle qui lui est offert.

C'est toujours avec la même naïveté, la même ingénuité, la même spontanéité que Mme de Clèves change complètement d'attitude lorsqu'elle s'aperçoit que M. de Nemours ne lui ment pas. Elle ne parvient pas à maîtriser ses réactions en présence de celui qu'elle aime, s'abandonne à ses sensations, et entre avec M. de Nemours dans l'amoralisme de la passion.

L'amoralisme de la passion

La portée éthique de ce roman est déjà apparue dans l'opposition que l'on peut dresser entre l'honnête homme qu'est M. de Clèves et le galant homme qu'est M. de Nemours. Le galant homme semble s'amender sous l'emprise de la passion, mais ce n'est qu'une illusion car la passion elle-même est amorale : elle subordonne tout à son but, qui est ici, comme chez Stendhal, la recherche de la plus grande intimité possible avec la personne aimée.

Une fois de plus, M. de Nemours se sert de l'amitié pour arriver à rencontrer Mme de Clèves. Sous l'emprise de la passion et du plaisir que lui donne la présence de M. de Nemours, Mme de Clèves oublie les intérêts de son oncle et de la reine dauphine. La joyeuse insouciance des deux amants a quelque chose de criminel, puisqu'elle apparaît comme l'origine des persécutions que la reine fera subir au vidame de Chartres et à Marie Stuart.

L'amoralisme de sa passion entraîne même Mme de Clèves a rejeter une faute sur M. de Clèves, profitant de la réputation que lui ont value les relations de parfaite loyauté qu'elle entretient avec son mari.

Une relation conjugale exemplaire

Mme de Clèves s'est fait dans le monde la réputation d'une personne qui confie tout à son mari. Il est digne d'une totale confiance, par les procédés pleins d'honnêteté dont il use envers sa femme. Totalement dénué de jalousie, il fait entrer M. de Nemours dans la chambre de sa femme à une heure où elle est encore au lit et où elle ne reçoit personne, puis il les laisse absolument seuls. Ensuite, dans l'après-midi, il participe à la rédaction de la lettre, et semble ne pas être particulièrement gêné par la complicité qui s'établit progressivement entre les deux amants*.

Cette attitude donne une motivation psychologique aux remords de Mme de Clèves, et à son aveu. Elle permet au lecteur de mieux ressentir les désastres causés par la jalousie après l'aveu.

14. L'AVEU

De la page 118 : « Après qu'on eut envoyé la lettre à Mme la Dauphine [...] » à la page 125 : « [...] une tendresse et une estime dont elle devait être satisfaite. »

RÉSUMÉ

Remords et fuite

Après le départ de son mari et de M. de Nemours, Mme de Clèves « revient comme d'un songe ». Elle revoit le prodigieux changement de son état d'esprit depuis le soir précédent. Elle ne se reconnaît plus elle-même ; elle vient de donner à M. de Nemours les marques les plus nettes de sa passion. Elle considère qu'elle est en train de tromper le mari qui le mérite le moins. Mais ce qu'elle supporte le plus difficilement, c'est le souvenir des souffrances de la nuit passée.

Ce qui vient d'arriver lui ouvre les yeux sur le risque d'être trompée ; elle s'étonne de n'avoir jamais encore pensé qu'il était peu vraisemblable qu'un homme aussi léger que M. de Nemours puisse devenir capable d'un attachement durable. Mais elle ne comprend pas pourquoi ces questions l'intéressent, ni ce qu'elle peut faire de cette passion. Elle s'aperçoit qu'elle est soumise à une inclination qui l'entraîne malgré elle. Elle fait toujours le contraire de ce qu'elle veut faire. Elle décide de partir à la campagne, même s'il lui faut tout expliquer à M. de Clèves. Il lui permet de se rendre à Coulommiers pour quelques jours.

La poursuite

Très affligé de ne plus la voir, M. de Nemours se rend chez la duchesse de Mercœur, sa sœur, qui se trouve à la campagne à côté de Coulommiers. Il se fait accompagner du vidame de Chartres, dans l'espoir de rendre une visite à Mme de Clèves.

Lors d'une partie de chasse, il s'égare et arrive près de Coulommiers. Il s'en approche le plus vite possible en suivant des routes faites avec soin, qui ne peuvent mener qu'au château.

Il trouve un pavillon comportant au rez-de-chaussée un salon flanqué de deux cabinets dont un ouvre sur un jardin de fleurs qui n'est séparé de la forêt que par des palissades. À peine entré, il voit venir Mme de Clèves, accompagnée de son mari, qu'il avait pourtant laissé auprès du roi. La surprise le pousse à se cacher et la curiosité à écouter la conversation.

L'aveu

M. de Clèves s'étonne du goût de sa femme pour la solitude, et lui demande qui la retient à la campagne. Il l'accuse de rechercher tout ce qui peut les séparer. L'air et les paroles de Mme de Clèves ne font qu'accroître ses soupçons, et il la presse tellement de s'expliquer qu'elle se jette à ses genoux et lui fait un aveu qu'on n'a jamais fait à un mari ; elle insiste sur l'innocence de sa conduite et l'assure qu'elle n'a jamais donné de marque de faiblesse ; elle lui renouvelle ses protestations d'amitié et d'estime et lui demande de la conduire et de l'aimer encore, s'il le peut.

Son mari est hors de lui-même et pense mourir de douleur. Il la trouve encore plus digne d'estime et d'admiration qu'auparavant. Mais il en souffre. Il lui rappelle qu'il l'aime violemment depuis toujours et qu'il n'a jamais réussi à lui inspirer de la passion. Il s'était consolé jusque-là en imaginant que personne ne pouvait toucher son cœur. Il ressent la jalousie d'un mari et celle d'un amant. Mais la noblesse du procédé de son épouse lui fait promettre qu'il n'abusera pas de cet aveu. Il veut cependant connaître le nom de son rival ; elle refuse.

Comme M. de Nemours croit que tout le monde a les mêmes sentiments que lui, son esprit s'égare à chercher celui dont parle Mme de Clèves. Malgré les signes d'intérêt qu'il croit avoir déjà reçus, il ne peut imaginer que c'est lui qui a suscité une telle passion.

M. de Clèves est certain que sa femme a donné des signes de sa passion à son amant*. Il l'accuse d'avoir donné son portrait. Elle avoue qu'elle l'a laissé dérober, lui dit pourquoi, puis lui demande de ne pas la poursuivre de questions qui l'offensent. Le roi fait appeler M. de Clèves à Paris.

COMMENTAIRE

La scène de l'aveu est le nœud de l'intrigue. Nous avons vu avec quel soin elle est préparée. Plus un événement est extraordinaire, plus il doit être motivé, justifié. Mme de Clèves a honte de ses sentiments, elle ne peut supporter sa culpabilité ; elle sait de surcroît qu'elle risque de succomber à son inclination si elle continue de rencontrer M. de Nemours. Or, elle a trop d'honneur pour donner à son mari une fausse raison pour se retirer. Il faut dire que M. de Clèves est un époux exceptionnel ; celui qui mérite le moins d'être trompé. Pour toutes ces raisons, l'idée de l'aveu vient tenter notre héroïne à plusieurs reprises.

Mais il faut encore une dernière motivation, la crise de lucidité qui suit l'aventure de la lettre perdue, pour faire admettre l'idée d'un aveu si extraordinaire, aux conséquences si terribles qu'il fait entrer dans le cœur de M. de Clèves le ferment de la jalousie qui le fera mourir.

Un accès de lucidité

Lorsque, comme toutes les fois où elle se retrouve seule après avoir passé des moments en présence de M. de Nemours, Mme de Clèves fait un retour sur elle-même, dans un long monologue intérieur, sorte de commentaire du roman par lui-même, elle est plus effrayée que jamais par ce qui vient de lui arriver. Elle ne se reconnaît plus, s'étonne des changements prodigieux qu'elle a subis dans l'espace de vingt-quatre heures. Elle s'aperçoit enfin de ce que le lecteur a remarqué depuis longtemps : elle fait toujours le contraire de ce qu'elle a résolu de faire. C'est pourquoi on peut dire que c'est la première fois que Mme de Clèves est parfaitement lucide. C'est une étape capitale dans son éducation sentimentale.

Elle comprend alors qu'elle est en train de tromper son mari. Elle se trouve, en effet, dans la même situation que Mme de Thémines, et seule sa conduite est irréprochable. Mais elle comprend aussi qu'elle ne peut accorder aucune confiance à M. de Nemours, qu'il pourrait un jour la bafouer comme le vidame de Chartres a bafoué Mme de Thémines, et qu'elle ne veut pas revivre pour une raison véritable, et durablement, les douleurs qu'elle a connues pendant une seule nuit. Par là, au moment du nœud de l'intrigue, le récit prépare déjà le dénouement, en annonçant le thème du « repos » de Mme de Clèves.

Mais elle s'aperçoit également qu'elle agit comme si elle désirait que M. de Nemours éprouve pour elle une passion sincère. Elle ne comprend pas ce qu'elle peut attendre de cette passion, ce qu'elle veut en faire ; elle décide de s'éloigner de son amant pour ne pas lui céder, même si elle doit tout apprendre à son mari.

Un aveu extraordinaire

Bien qu'elle en soit peu à peu venue à considérer l'aveu comme la seule solution, Mme de Clèves ne décide pas de tout dire à son mari ; elle s'y trouve poussée par la situation. M. de Clèves, ne comprenant pas le désir de retraite de sa femme, la soumet à un interrogatoire auquel la sincérité lui interdit de se dérober. Elle prend alors l'attitude traditionnelle de la suppliante et fait un aveu complet, hormis ce qu'elle ne juge pas bon de révéler : le nom de son amant.

La présence de cet amant, caché dans le jardin, ajoute au caractère exceptionnel de l'aveu une touche supplémentaire de romanesque, à la limite de la vraisemblance. Mais, avant tout, elle a pour effet d'introduire un nouveau sourire d'ironie dans ce récit. C'est pour éviter de donner des signes de faiblesse à celui qu'elle aime, que Mme de Clèves fait cet aveu ; et c'est en le faisant qu'elle lui donne la certitude qu'il est aimé.

Le caractère exceptionnel de cet aveu est présenté par Mme de Clèves comme une preuve de sa vertu et de l'estime qu'elle porte à son mari, mais nous pouvons également l'interpréter comme une dénégation de la faiblesse de son caractère, qui lui était apparue à la lecture de la lettre de Mme de Thémines.

Rien d'étonnant si cet aveu a suscité de nombreux commentaires contradictoires parmi les contemporains de Mme de Lafayette. Succombant à ce qu'on nomme de nos jours une illusion référentielle, c'est-à-dire l'illusion que les personnages sont des personnes, pensant probablement que la vie est un roman, les lecteurs d'un magazine à la mode, *Le Mercure galant*, ont envoyé de nombreuses lettres à leur journal pour juger le comportement de Mme de Clèves. Souvent, ils le trouvèrent contraire à la bienséance, et criminel dans ses conséquences.

Le ferment de la jalousie

Mme de Clèves introduit en effet à ce moment dans le cœur de son mari le ferment d'un mal qui va le conduire vers la mort : la jalousie.

Bien qu'il demeure persuadé, pour quelque temps encore, que la vertu de sa femme le protège de tout danger véritable, M. de Clèves ne peut s'empêcher de ressentir une double jalousie, celle d'un mari et celle d'un amant, correspondant au double attachement qui le lie à sa femme.

Il vient de perdre ce qui le consolait de l'indifférence de sa femme à son égard, l'illusion qu'elle était incapable d'amour.

Sa jalousie est d'autant plus vive que ce que Mme de Clèves vient de faire renforce l'estime et l'admiration qu'il a pour elle. Malgré cela, elle commence à détruire la confiance qu'il a mis en sa femme, et l'honnêteté de son comportement ; il ne peut s'empêcher de lui faire un premier reproche.

Cette jalousie, qui va devenir de plus en plus violente, est alimentée par une étrange réticence de Mme de Clèves, nécessaire à l'évolution de l'intrigue, mais que, curieusement, le texte ne prend pas la peine de motiver : le refus de nommer l'amant.

15. VERS L'ABÎME

De la page 125 : « Lorsque ce prince fut parti [...] » à la page 130 « [...] sans avoir la force de se parler. »

RÉSUMÉ

Rêveries nocturnes

Demeurée seule, Mme de Clèves est épouvantée de ce qu'elle a fait. Bien qu'elle reste persuadée que c'était la seule défense contre M. de Nemours, elle pense avoir creusé un abîme d'où elle ne sortira jamais. Mais à la fin, elle trouve de la douceur dans l'idée qu'elle a donné un témoignage d'estime et de fidélité à son mari.

Pendant ce temps, M. de Nemours s'est enfoncé dans la forêt. Il s'abandonne à la joie d'avoir suscité chez sa maîtresse une passion si violente. Mais il s'aperçoit bientôt que ce qu'il vient d'entendre lui ôte tout espoir. Il trouve pourtant de la gloire à être aimé d'une femme si différente de toutes les autres ; il s'estime cent fois heureux et malheureux tout ensemble.

Une indiscrétion funeste

Sur le chemin du retour, il commet l'imprudence ordinaire des gens amoureux, qui ne peuvent s'empêcher de parler de leur passion ; en termes généraux, il raconte au vidame l'aventure qu'il vient de vivre. Pourtant, son compagnon devine qu'il parle de lui.

L'éveil de la jalousie

M. de Clèves veut savoir qui plaît à sa femme. Il pense à M. de Nemours, le plus aimable de tous, et à ceux qui ont toujours rendu beaucoup de soins à Mme de Clèves : le maréchal de Saint-André et le chevalier de Guise. Il a été choisi pour conduire Madame en Espagne. Il est heureux que cette mission procure à sa femme un prétexte pour s'éloigner de la cour. Mais dans l'immédiat, il faut qu'elle y revienne. Lorsqu'ils se retrouvent, ils éprouvent une tristesse extraordinaire. M. de Clèves la reçoit en parfait honnête homme, mais il désire toujours découvrir le nom qu'elle lui cache. Elle lui demande de ne pas essayer de s'éclaircir* en l'observant de peur que l'on ne s'aperçoive de l'embarras qu'il lui causerait. Plus que jamais, elle veut se retirer de la cour, mais son mari le lui interdit pour éviter les soupçons. D'ailleurs, il est persuadé que cette liberté affermira sa vertu.

Un piège outrageant

Elle évite la présence et les yeux de M. de Nemours, mais son extrême tristesse augmente encore la passion de ce prince. Un soir, chez la reine, un bruit se répand que l'on nommera encore un grand seigneur pour accompagner Madame. Ayant vu sa femme ne manifester aucune émotion aux noms du maréchal de Saint-André et du chevalier de Guise, M. de Clèves entre dans le cabinet de la reine et en ressort pour dire à sa femme que ce sera le duc de Nemours. Elle ne peut cacher son trouble et encourage son mari, pour protéger sa gloire, à essayer de faire choisir quelqu'un d'autre. M. de Clèves ne lui dissimule pas qu'il connaît ses véritables raisons et sort pour ne pas accroître son embarras en sa présence.

M. de Nemours entre à ce moment et, voyant son air songeur, lui demande ce qu'elle a. Elle le supplie de la laisser en repos, ce qui lui donne l'occasion de s'expliquer sur la crainte qu'elle lui inspire ; elle le quitte sans lui répondre.

Lorsqu'elle rentre chez elle, son mari lui demande son pardon pour le piège qu'il lui a tendu ; il est assez puni par ce qu'il vient d'apprendre, car il connaît à présent exactement le danger qui menace sa femme. Ils s'attendrissent mutuellement, fondent en larmes et se quittent sans pouvoir se parler.

COMMENTAIRE

Immédiatement après l'aveu sont mis en place les éléments qui vont amener la catastrophe dont on suggère d'ores et déjà qu'elle est inéluctable. L'aveu de Mme de Clèves a transporté son mari et son amant hors d'eux-mêmes, au point de leur faire accomplir des actions aberrantes.

Une catastrophe inéluctable

Après un tel aveu, les personnages ont la sensation de leur impuissance devant ce qui doit advenir malgré eux.

Le duc de Nemours lui-même, qui trouve pourtant de la douceur à savoir qu'il est aimé, ne peut s'empêcher de redouter qu'une femme capable d'un aveu de cette sorte ait une vertu si ferme qu'il ne doive jamais espérer de bonheur auprès d'elle.

Pour Mme de Clèves, elle est convaincue qu'elle s'est creusée un abîme d'où elle ne sortira jamais. C'est le retour du champ métaphorique de la chute. Voulant éviter le précipice où Mme de Chartres craignait qu'elle ne tombât, elle s'est creusé un abîme. Mais elle ne le regrette pas car cela lui semble le seul moyen de sauvegarder sa vertu.

C'est le même sentiment d'impuissance qui accable les deux époux lorsqu'ils se retrouvent. La tristesse, la grandeur du danger, l'impression qu'ils ne seront plus capables de maîtriser l'évolution de leurs relations les empêchent de proférer la moindre parole le soir, avant de se quitter.

Des actions aberrantes

M. de Nemours est si bouleversé par la scène qu'il vient de surprendre qu'il fait quelque chose que l'on n'aurait pas attendu d'un homme aussi expérimenté en matière de galanteries. C'est une nouvelle preuve, et un nouvel effet de la violence de sa passion. Il confie ce qu'il vient de vivre à quelqu'un dont il aurait pourtant toutes les raisons de le croire peu fidèle. Certes, il le fait en termes généraux, mais ce subterfuge ne peut guère tromper un homme qui connaît les ruses de la passion.

De façon symétrique, la jalousie fait imaginer à M. de Clèves de prendre sa femme dans un piège offensant peu compatible avec l'honnêteté qui le caractérise. Il en éprouve du remords, demande à sa femme de ne pas le punir, mais avoue que la force de la passion qu'est la jalousie l'entraîne à commettre des actions qui ne s'accordent pas avec le reste de son comportement, qui demeure celui d'un mari honnête homme.

Et ses remords ne l'empêcheront pas de se laisser derechef mener par sa passion, pas davantage que les regrets manifestés trop tardivement par M. de Nemours ne le détourneront de nouvelles paroles coupables.

16. UN SECRET QUI SE RÉPAND

De la page 130 : « Les préparatifs pour le mariage de Madame [...] » à la page 135 : « [...] elle s'en alla chez elle. »

RÉSUMÉ

Le duc d'Albe arrive pour épouser Mme Élisabeth au nom de Philippe II. Il est reçu avec magnificence. On fait de grandes assemblées auxquelles Mme de Clèves ne peut se dispenser de participer ; et l'absence de M. de Nemours, qui doit aider M. de Savoie à préparer son mariage, la laisse dans un certain repos.

Une nouvelle peu vraisemblable

L'agitation provoquée par la venue du duc d'Albe et de M. de Savoie empêche le vidame de Chartres d'observer M. de Nemours comme il le voudrait. Il a rapporté les propos de M. de Nemours à Mme de Martigues qui s'empresse de les redire à Mme la Dauphine. Cette reine prend Mme de Clèves à part et lui annonce que M. de Nemours est éperdument amoureux et fort aimé d'une des plus belles personnes de la cour. Elle éprouve à nouveau les douleurs de la jalousie, mais les détails donnés par Mme la Dauphine lui révèlent qu'il est question de l'aveu qu'elle vient de faire à son mari. Pendant un long moment, le désespoir empêche Mme de Clèves de parler. Quand elle retrouve la parole, c'est pour demander d'où peut bien venir une nouvelle aussi difficile à croire. Elle apprend alors l'indiscrétion de M. de Nemours.

Le désarroi

Comme ce prince fait son entrée dans la pièce, elle conjure la reine dauphine de ne pas lui demander si cette nouvelle est véritable, de crainte de le brouiller avec le vidame de Chartres. Mais Mme la Dauphine lui répond en riant qu'elle est bien trop prudente et demande à M. de Nemours s'il n'est pas le héros caché de cette aventure. L'étrangeté de la situation le rend incapable de maîtriser son visage et il demeure interdit. Mme la Dauphine triomphe un instant, mais il parvient, d'un air tranquille qui la persuade, à expliquer son trouble par la déception de voir que le vidame de Chartres a divulgué un secret et qu'il l'a déformé. Il convient qu'il est amoureux, mais il ne pense pas que la reine dauphine puisse affirmer qu'il soit aimé.

Il ajoute que son ami ne lui a pas confié le nom de sa maîtresse, et qu'il le juge l'homme du monde le plus amoureux et le plus à plaindre, car il n'est pas aimé ; sa maîtresse ne sait pas ce qu'est l'amour, et il ne peut se flatter d'aucune espérance ; néanmoins, cet ami ne changerait pas son état contre celui du plus heureux amant du monde. Mme la Dauphine est convaincue qu'il ne peut s'agir de M. de Nemours, car il ne serait pas si aisé de le satisfaire. Quant à Mme de Clèves, elle ne parvient toujours pas à croire cette aventure réelle ; même si elle était advenue, comment se serait-elle répandue dans le monde ? M. de Nemours saisit l'occasion de confirmer les soupçons de sa maîtresse : la jalousie et la curiosité peuvent faire commettre bien des imprudences à un mari !

COMMENTAIRE

Dans ces pages se montre de la façon la plus claire toute la cruauté du monde à laquelle Mme de Chartres n'a pas réussi à préparer sa fille. À l'opposé, M. de Nemours triomphe à ce jeu de trahisons, de faux-semblants et de dissimulations.

La cruauté du monde

La cour de la reine dauphine semble uniquement préoccupée de se divertir. L'activité la plus appréciée, c'est déjà manifeste dans l'aventure de la lettre perdue, consiste à nuire à ceux que l'on considère pourtant comme ses amis, en découvrant leurs secrets galants.

Pour cela il faut entraîner l'autre à trahir un secret confié par un ami ou un amant. C'est par ce moyen que la reine dauphine entre en possession du secret de M. de Nemours : grâce au pouvoir qu'elle a sur une personne aimée par le vidame de Chartres (voir p. 66), elle espère obtenir des renseignements sur les amours secrètes de M. de Nemours, dont il est l'ami intime. Cette personne, c'est Mme de Martigues, l'une de ses favorites qui s'empresse de tout lui rapporter après avoir reçu les confidences de son amant.

Le personnage de la reine dauphine constitue une sorte d'emblème de la cruauté de la cour. Elle est cruelle sans chercher à l'être ni à ne pas l'être, par insouciance. Il lui est indifférent de brouiller deux amis, si cela peut lui offrir un divertissement. Il semble qu'elle joue, et, sans que rien dans le texte ne permette de l'accuser d'une intention maligne, qu'elle travaille à la perte de Mme de Clèves. Elle reçoit ici, comme c'était déjà le cas lors du bal (p. 54) et de la visite de condoléances (p. 82), l'emploi de meneuse de jeu, mais une meneuse de jeu qui semble toujours inconsciente de la portée de ce qu'elle fait. Elle apparaît ainsi comme l'instrument dont le destin se sert pour s'accomplir. Lorsque son statut politique sera modifié, après la mort de Henri II, ce sera Mme de Martigues qui remplira ce rôle, en provoquant chez M. de Clèves des accès de jalousie, ou en parlant à Mme de Clèves de celui qu'elle aime.

Le triomphe de M. de Nemours

Dans un monde comme celui-ci, où les usages de la bienséance recouvrent une indifférence cruelle, triomphent ceux que l'habitude de l'intrigue et le manque de scrupules rendent capables de garder en toutes circonstances la maîtrise de leurs réactions, et d'influer sur le comportement des autres.

Ce n'est certes pas le cas de Mme de Clèves, mais celui de M. de Nemours. C'est ici la seule aventure du roman qui le laisse interdit quelque temps. Il ne sait plus maîtriser son visage, à tel point que Mme la Dauphine est convaincue qu'il est bien le héros de l'aventure extraordinaire. Mais, comprenant les dangers de cette situation, il se rend « maître tout d'un coup de son esprit et de son visage », invente une explication vraisemblable de son trouble, et développe un discours à double entente, dont Mme de Clèves est la seule à comprendre le sens véritable.

Il fait plus, et il s'en repentira amèrement : suivant une impulsion qui provient de son ancien personnage d'homme galant et audacieux, il retourne cette situation à son profit et introduit dans l'esprit de Mme de Clèves un doute qui enveniméra ses relations avec son mari.

17. SOLITUDES ET DÉSESPOIRS

De la page 135 : « M. de Clèves vint au Louvre [...] » à la page 140 : « [...] de peur de fortifier ses soupçons »

RÉSUMÉ

Les progrès de la défiance

L'arrivée du roi interrompt cette conversation au moment où Mme de Clèves se trouve aux limites de la résistance. Elle se sert d'un prétexte pour retourner chez elle. Son mari la trouve d'une tristesse excessive et lui en demande la raison. Elle lui reproche d'avoir abusé de sa confiance, de s'être laissé entraîner à une cruelle imprudence qui a révélé leur aventure à M. de Nemours. « Quoi ! » s'exclame M. de Clèves avec désespoir, « M. de Nemours sait que vous l'aimez et que je le sais ? » Mme de Clèves ne veut pas entrer dans une discussion touchant le nom de celui qu'elle aime, et accuse son mari de s'être confié à l'un de ses amis, qui doit l'être également de M. de Nemours. Quant à lui, il la prie de chercher quelle est la confidente qui l'a trahie. Il sait qu'il n'a rien dit, il sait également que sa femme est toujours parfaitement sincère, aussi ne comprend-il pas cette indiscrétion ; son unique certitude est qu'il en souffre violemment. Mme de Clèves est occupée de semblables pensées. Ils y sont tant absorbés qu'ils demeurent longtemps sans parler. Lorsqu'ils se séparent, ils se sentent plus éloignés l'un de l'autre que jamais.

L'abattement de M. de Clèves

M. de Clèves passe la nuit dans un grand abattement. Il ne lui reste plus aucun courage ; il se voit entouré d'abîmes, ne sait quel parti adopter. Enfin, il décide qu'il ne faut rien faire qui puisse augmenter les soupçons. Il recommande à sa femme de montrer à M. de Nemours la sévérité qu'elle doit avoir pour quelqu'un qui lui témoigne de l'amour ; elle lui ôtera ainsi la pensée qu'elle ait de l'inclination pour lui.

Le désespoir de Mme de Clèves

Mme de Clèves peut d'autant moins renoncer aux festivités qu'elle a été choisie parmi beaucoup de princesses pour porter la robe de la reine dauphine.

Elle souffre de ne pouvoir excuser le comportement de M. de Nemours. Le simple espoir du succès, se dit-elle, suffit à le rendre indiscret. Il ne peut cacher ce qui flatte sa vanité. Et c'est pour cet homme, qu'elle trouvait différent des autres hommes, qu'elle se comporte comme toutes les femmes, auxquelles elle ne croit pourtant pas ressembler ! Elle n'entrevoit plus d'issue ; elle imagine qu'elle a perdu l'estime de son mari, qu'elle va bientôt perdre sa réputation, mais elle sent bien qu'elle aurait la force de tout supporter si elle était contente de M. de Nemours.

Les regrets du duc de Nemours
Ce prince est accablé par le souvenir de son imprudence. Les choses galantes qu'il a dites à Mme de Clèves au sujet de cette aventure lui paraissent extrêmement grossières, puisqu'elles ont laissé entendre à Mme de Clèves qu'il n'ignore pas qu'elle l'aime. Il n'espère rien, il ne voit aucune justification à lui présenter. Il ne saurait lui parler de sa passion, car elle le croirait enhardi par les espérances. Il est indigne d'elle, d'un seul de ses regards ; il lui a donné les meilleurs moyens de se défendre contre lui ; il perd son bonheur mais ce qui lui cause la plus grande douleur, c'est le mal qu'il lui a fait. Il décide de ne rien entreprendre, de lui montrer qu'il n'ose se présenter devant elle et d'attendre ce que feront le hasard et l'inclination qu'elle a pour lui.

COMMENTAIRE

Après une série d'événements aussi extraordinaires que l'aveu et sa divulgation, les personnages principaux se trouvent pris dans une tempête de passions. C'est ce que montre le texte en interrompant l'action par une longue analyse de l'évolution des personnages. Les deux époux sentent se glisser entre eux un éloignement progressif, et les deux amants souffrent cruellement de la faute de M. de Nemours.

Un éloignement progressif

Le lecteur assiste à la deuxième scène entre les deux époux : la première avait été provoquée par le piège tendu par M. de Clèves à sa femme. Elle s'était achevée par une séparation pleine d'une tendresse mélancolique. Cette fois, les relations des deux époux ont fait un progrès dans leur dégradation.

Ils ne peuvent s'empêcher de se faire des reproches mutuels. Mme de Clèves ne peut cacher sa tristesse à son mari qui ne parvient pas, quant à lui, à retenir les marques de sa douleur. Avant tout, elle l'accuse d'être indigne de la confiance qu'elle a mise en lui. Elle ne sait pas pour quelle raison son mari a révélé quelque chose qu'il aurait eu tant intérêt à cacher. Pour lui, il ne comprend pas pourquoi une femme sincère au point de lui avoir fait l'aveu qu'il a reçu voudrait lui dissimuler qu'elle s'est confiée à quelqu'un qui l'a trahie. Ils se trouvent tous deux dans une situation paradoxale et peu ordinaire puisqu'ils sont contraints réciproquement de se croire et de ne pas se croire.

Ils viennent donc de franchir une nouvelle étape sur le chemin qui les mène de relations pleines d'honnêteté et de confiance vers l'incompréhension et le silence.

La faute de M. de Nemours

Paradoxalement, la dégradation des relations entre les deux époux ne rapproche pas Mme de Clèves de son amant. Bien au contraire, il est remarquable que ce soit précisément l'action par laquelle M. de Nemours parvient à séparer Mme de Clèves de son mari qui soit l'origine de la ruine définitive de ses espérances.

La certitude que M. de Nemours a commis une faute en divulgant le secret de l'aveu forme la plus grande part de la douleur de Mme de Clèves. C'est une blessure pour son orgueil de voir qu'elle est traitée comme toutes les femmes, elle qui se croit si différente des autres. Elle est choquée de la façon dont la pensée qu'il puisse être aimé a changé le comportement de M. de Nemours. Elle croit voir dans ce qu'il a fait la preuve que son caractère est entièrement dominé par la vanité et qu'il serait encore moins discret s'il avait reçu une preuve qu'il était aimé. Cette aventure ôte à Mme de Clèves le peu de confiance qu'elle avait en lui.

Il a d'ailleurs compris très vite, bien qu'un peu trop tard, qu'il venait de donner à sa maîtresse les meilleurs moyens de se défendre contre lui, et l'habitude des galanteries lui fait découvrir la seule attitude capable de lui permettre un retour de sa disgrâce : ne rien faire pour se justifier mais adopter un comportement qui manifeste le repentir et la soumission.

La relation passionnelle est en effet toujours présentée comme un rapport de force. M. de Nemours a pour lui la force de l'audacieux et de l'habile homme ; mais Mme de Clèves profite de la situation traditionnelle de la maîtresse, de la dame à laquelle l'amant doit rendre une sorte d'hommage. Ce respect est nécessité par la situation sociale de la femme et les risques qu'elle encourt en s'abandonnant à une galanterie : l'amant doit manifester à sa maîtresse une soumission telle qu'aucun doute ne puisse subsister sur sa sincérité ; ce à quoi M. de Nemours a failli, et qu'il essaie de réparer.

Il est d'ailleurs sincère dans son repentir, mais cela ne réduit nullement l'incertitude sur l'évolution de ses sentiments si ses espérances étaient comblées.

18. LA MORT DU ROI

De la page 140 : « Les fiançailles de Madame, qui se faisaient le lendemain », à la page 148 : « balancer le pouvoir de la maison de Guise »

RÉSUMÉ

Les réjouissances

Les fiançailles de Madame, le lendemain, et le mariage, le jour suivant, créent une animation qui laisse Mme de Clèves et M. de Nemours en repos. Les cérémonies sont magnifiques, et malgré sa tristesse, Mme de Clèves fait admirer son incomparable beauté. M. de Nemours n'ose lui parler mais lui manifeste tant de crainte et de respect qu'elle ne le trouve plus si coupable.

Enfin arrive le jour du tournoi. Pour rendre un hommage discret à Mme de Clèves, M. de Nemours a choisi une couleur qu'elle ne porte jamais parce qu'elle est blonde, le jaune, mais dont elle lui a dit qu'elle l'aimait. Il fait paraître un agrément inimitable dans tout ce qu'il fait, et Mme de Clèves ressent « une émotion extraordinaire » à chacune de ses courses.

Le drame

Le soir, malgré les instances de toute la cour, le roi ordonne au comte de Montgomery de rompre* avec lui une dernière fois. Les lances se brisent, un éclat reste fiché dans l'œil du roi. Quelle affliction, dans une journée destinée à la joie !

M. le connétable ne doute pas que la prédiction sur la mort du roi ne soit accomplie.

Une cour traversée de tant d'intérêts divers entre dans une grande agitation à la veille d'un tel événement. Cependant on y semble uniquement occupé de la santé du roi et tous les grands de la cour se pressent dans son antichambre. Pour ne pas se trouver en présence de son mari et de M. de Nemours, Mme de Clèves feint d'être malade. Elle reste chez elle, absorbée par ses propres pensées, peu intéressée par les grands changements qui se préparent.

Le roi reçoit l'annonce de sa mort avec une fermeté admirable et fait faire, sans cérémonie, le mariage de Madame sa sœur avec le duc de Savoie. Aussitôt après sa mort, au château des Tournelles, le nouveau roi et la nouvelle reine se rendent au Louvre avec la reine mère qui déclare à sa belle-fille, mais d'un ton plein d'aigreur, que c'est à elle de marcher la première.

Une révolution de palais

Le cardinal de Lorraine s'est rendu maître absolu de l'esprit de la reine mère, au détriment du vidame qui, par amour pour Mme de Martigues et pour la liberté, ne souffre pas de cette disgrâce autant qu'il le devrait. La cour change entièrement de visage. La duchesse de Valentinois et le connétable sont chassés et les Guises deviennent très puissants, aux dépens des princes du sang. On inspire ainsi au roi de Navarre le dessein de retourner sur ses terres, et la reine lui propose de prendre la place de M. de Clèves pour accompagner Mme Elisabeth.

COMMENTAIRE

Après une telle succession d'aventures si importantes pour l'évolution de la passion des deux amants, le texte ménage un intermède historique qui montre la force du destin en action.

Un intermède historique

Cet intermède est étroitement uni à l'action principale du roman. Il ruine en effet l'espoir qu'avait conçu M. de Clèves d'éloigner sa femme de la cour à la faveur du voyage d'Espagne, crée les conditions d'une nouvelle retraite à Coulommiers, et, avant tout, donne un nouveau répit à Mme de Clèves, qui se laisse derechef entraîner par son inclination. La conduite de M. de Nemours a l'effet qu'il en attendait : dès le jour qui suit la conversation chez Mme la Dauphine, sa maîtresse le trouve déjà moins coupable. Et les dangers qu'il court le jour du tournoi, et la grâce exceptionnelle qu'il manifeste dans les joutes, lui procurent des émotions qui étonnent le lecteur des pages précédentes.

Les fiançailles, le mariage et les festivités qui les entourent donnent une nouvelle fois (voir p. 94) à l'auteur l'occasion d'utiliser l'Histoire comme un élément décoratif. C'est un héritage de l'époque précédente, mais l'utilisation qu'en fait la nouvelle historique « classique » est bien plus discrète que l'usage du roman « baroque ». Néanmoins, contrairement à son habitude, le texte nous livre des précisions qui rendent possible une certaine vision de quelques scènes (couleur des étoffes, ordre des processions...). On peut les considérer comme une illustration de la magnificence de la cour.

Mais c'est encore le romanesque historique qui constitue le principal intérêt de cet intermède, comme dans les deux digressions empruntées à l'histoire. L'Histoire est un roman dans la mesure où la plus grande et la moins vraisemblable des péripéties romanesques (la scène de l'aveu, par exemple) est toujours moins imprévisible que les plus formidables événements historiques. L'Histoire montre que le roman n'est pas le seul lieu où se manifeste la force du destin.

La force du destin

Dans une conception du monde qui laisse une place au destin, l'avenir peut être prédit ; à charge, pour les hommes, de bien interpréter les signes. Henri II savait qu'il périrait lors d'un combat singulier, et les craintes manifestées par son entourage auraient dû l'amener à la prudence. Mais le destin est ce qui doit arriver, ce à quoi l'on n'échappe pas, et Henri II n'échappe pas à la mort.

Néanmoins, en politique, on sait depuis Machiavel que la force, le courage et la prudence, permettent de prévoir les coups de la fortune, de leur échapper, voire de les contrôler. C'est ce que font les Guises, qui profitent de la mort du roi pour effectuer un coup d'État, une révolution de palais.

19. L'EMPIRE DE LA JALOUSIE

De la page 148 : « Quoique ce fût une chose fâcheuse [...] » à la page 154 : « [...] s'il n'entrerait point la nuit dans le jardin. »

RÉSUMÉ

La visite refusée

La cour doit bientôt se rendre à Reims pour le sacre. Mme de Clèves obtient sans peine de son mari la permission de se retirer à la campagne ; il en avait déjà pris la décision, par prudence. Ayant appris que Mme de Clèves ne suivrait pas la cour, M. de Nemours tente de la voir, en tête à tête, avant le départ. En arrivant chez elle, il croise Mme de Nevers et Mme de Martigues qui lui disent qu'elles l'ont laissée seule. Mais la crainte et l'inquiétude la poussent à refuser ce qu'elle souhaite peut-être le plus. « Quelle douleur pour ce prince ! » Elle ne lui a plus parlé depuis la conversation chez la reine dauphine, et il a toutes les raisons de penser que son indiscrétion a ruiné ses espérances.

Une scène violente

Des propos indifférents pour tout le monde, tenus par Mme de Nevers et Mme de Martigues chez la reine dauphine, apprennent à M. de Clèves que sa femme se trouve en tête à tête avec M. de Nemours. Ne supportant pas que M. de Nemours puisse lui parler de son amour, il est saisi d'un accès de rage jalouse et revient chez lui, sans savoir dans quel but. Après quelques paroles sans importance, il demande à Mme de Clèves ce qu'elle a fait et qui elle a vu. N'ayant pas vu M. de Nemours, elle ne le nomme pas. « Et M. de Nemours, lui dit-il, ne l'avez-vous point* vu ou l'avez-vous oublié ? » Les explications de sa femme ne l'apaisent pas. Il lui reproche d'adopter un comportement particulier pour M. de Nemours, la soupçonne de n'avoir pas tout avoué ; il croit que M. de Nemours lui a parlé, qu'elle se repent de son aveu, et qu'elle n'est plus capable de surmonter sa passion. Il est le plus malheureux des hommes.

Il ne contredit pas sa femme lorsqu'elle lui déclare qu'elle a préjugé de sa capacité à affronter la vérité : elle demande trop à un mari qui l'aime comme un amant. Il n'a plus que des sentiments violents et incertains : il l'adore et la hait, il l'admire et a honte de le faire. Il ne veut pas savoir ce qui s'est passé entre sa femme et M. de Nemours. Il la quitte après lui avoir rappelé qu'elle l'a rendu le plus malheureux des hommes, et part le lendemain sans la voir. Ils s'échangent alors des lettres pleines d'honnêteté et de douceur qui leur redonnent une partie de leur calme.

Un exil volontaire

Au début, Mme de Clèves ne souffre pas de l'absence de M. de Nemours. Ensuite il lui paraît cruel d'avoir la certitude de ne plus le voir. Elle fait porter à Coulommiers de grands tableaux représentant des actions remarquables du règne de Henri II. Dans l'un d'eux figure M. de Nemours, très ressemblant, et c'est peut-être pour cela qu'elle a voulu les emporter.

Mme de Martigues vient passer quelques jours avec elle. Bien qu'elles partagent la faveur de la reine, elles sont amies sans toutefois se confier leurs sentiments. Mme de Clèves va le soir dans le cabinet qui donne sur le jardin et ceux qui l'accompagnent restent dans l'autre. Elles y passent toutes les soirées à se parler, jusqu'au moment où Mme de Martigues doit rejoindre la cour à Chambord.

Le soupçon

En présence de M. de Clèves et de M. de Nemours, la reine demande des nouvelles de Mme de Clèves à Mme de Martigues qui s'étend sur les charmes de leurs conversations nocturnes. M. de Nemours, pensant qu'il pourrait aller rencontrer Mme de Clèves, pose quelques questions dont M. de Clèves devine l'intention. Le lendemain matin, sur un prétexte, M. de Nemours demande congé au roi. M. de Clèves charge un de ses gentilshommes les plus fidèles et les plus habiles de l'observer.

COMMENTAIRE

Pendant que le destin de l'État s'accomplit, celui des personnages poursuit sa marche. Mme de Clèves espère toujours concilier la passion et la vertu, mais les entreprises audacieuses de M. de Nemours et les progrès de la jalousie de M. de Clèves acheminent l'action vers un dénouement tragique.

La passion et la vertu

Ne pouvant réussir, malgré tout ce qui s'est passé, à ne pas aimer M. de Nemours, Mme de Clèves persiste dans sa résolution de ne plus le voir, surtout s'il est seul. Elle décide de ne pas suivre la cour à Reims, et refuse une visite qu'il veut lui rendre à un moment où tout le monde est sorti de chez elle. Mais, très vite, l'absence de M. de Nemours lui devient pénible, et le portrait qu'elle a emporté ne lui permet pas de la combler. Elle recherche la solitude, qu'elle aime partager avec une personne qui connaît les mêmes préoccupations qu'elle.

L'audace de M. de Nemours

Ayant la certitude que Mme de Clèves l'aime, M. de Nemours ne peut accepter l'idée de partir pour Reims sans la revoir. Il tente donc à nouveau quelque chose qui lui avait réussi après la mort de Mme de Chartres, une visite le plus tard possible ; mais la situation s'est modifiée. Mme de Clèves, sachant qu'elle n'est plus maîtresse d'elle-même et que son mari a deviné le nom de son amant, ne veut ni ne peut plus le recevoir en tête à tête.

Mais cet échec ne rebute pas M. de Nemours. Il l'entraîne au contraire à tenter quelque chose de plus audacieux encore. Méprisant la prudence, il pose à Mme de Martigues, en présence de M. de Clèves, des questions capables de donner des soupçons à un mari qui sait que sa femme est la maîtresse d'un des hommes de la cour. Le texte atteint de nouveau les limites de la vraisemblance, comme toutes les fois où un des personnages adopte une attitude qui ne correspond pas à ses actions antérieures.

L'emprise de la jalousie

De façon similaire, les critiques du XVIIe siècle acceptèrent difficilement la transformation d'un mari honnête homme en mari jaloux. Mais l'un des propos de ce texte est de montrer que l'emprise de la passion peut amener un personnage à des conduites aberrantes. La force de la jalousie est telle que M. de Clèves se laisse aller à des actions ignobles.

La confiance qu'il mettait en sa femme s'est affaiblie au point qu'il ne peut plus maîtriser sa jalousie. Lui qui pensait, encore après l'aveu (p. 128), que le meilleur moyen d'affermir la vertu de Mme de Clèves était de la laisser au milieu du monde, est progressivement arrivé, sans cause objective, à croire que la sagesse veut qu'elle ne participe pas au déplacement de la cour à Reims.

Il est pris du délire interprétatoire caractéristique de la jalousie, qui le pousse à soumettre sa femme à un interrogatoire outrageant, l'accusant de dissimulation. Il reconnaît d'ailleurs lui-même qu'il n'est pas capable de supporter le poids de l'aveu, et quitte sa femme très brusquement. Ce n'est qu'en dehors de sa présence, et par écrit, qu'il retrouve les procédés d'un honnête homme.

Mais ce n'est qu'un repos apparent, provenant de la certitude que sa femme ne peut se trouver en présence de M. de Nemours. Lorsqu'il comprend que ce prince va essayer de rencontrer seul à seul Mme de Clèves, il décide de les faire espionner et sa jalousie le conduit à confier son secret à un tiers, au mépris des risques que cela présente.

20. LES NUITS DE COULOMMIERS

De la page 154 : « Le gentilhomme, qui était très capable [...] » à la page 160 : « [...] et en partit le lendemain. »

RÉSUMÉ

La première nuit

La nuit venue, M. de Nemours, observé par l'homme de M. de Clèves, fait le tour du jardin et parvient à trouver un point de passage. Il approche du cabinet où brillent beaucoup de lumières et se place derrière une des portes-fenêtres. Il voit Mme de Clèves, sur un lit de repos, n'ayant sur la tête et la gorge que ses cheveux en désordre. Elle noue des rubans de plusieurs couleurs, celles qu'il avait portées au tournoi, autour d'une canne très originale qui lui avait appartenu et qu'il avait donnée à sa sœur. Cela fait, elle va contempler d'un air rêveur le portrait de M. de Nemours.

L'émotion de ce prince est difficile à représenter ; il ne pense même plus que les instants sont précieux. Enfin, il décide d'entrer dans le cabinet, mais il trouve insensé son projet de se faire voir de Mme de Clèves, de surprendre seule, en pleine nuit, une personne à qui il n'a jamais encore osé parler de son amour. Encouragé cependant par ce qu'il vient de voir, il avance de quelques pas. Il fait du bruit ; Mme de Clèves pense le reconnaître ; elle fuit immédiatement dans l'autre cabinet. Après quelque temps, elle se croit victime d'une illusion mais la raison et la prudence lui interdisent de revenir vers le jardin. Le jour est proche lorsqu'elle retourne au château.

La mélancolie

M. de Nemours ne quitte pas le jardin avant le départ de Mme de Clèves. Suivi par le gentilhomme de M. de Clèves, il se rend dans un village non loin du château pour y attendre la nuit suivante. Il se promène le long d'un petit ruisseau, sous les saules, s'éloigne pour n'être vu ni entendu de personne et se laisser aller aux transports de son amour.

Aimé, il est traité comme s'il était haï. Que peut-il espérer ? Cet excès d'amour, que donne la certitude d'être aimé, il ne le ressent que pour en souffrir ! A haute voix, il s'adresse à celle qu'il aime, lui demandant de lui manifester son amour, ne comprenant pas qu'elle le craigne ! Mais peut-être ne l'a-t-elle pas reconnu ?

L'extrême prudence de Mme de Clèves

La nuit, il retourne dans le jardin, toujours suivi par le gentilhomme de M. de Clèves. Mais Mme de Clèves, qui n'a pas voulu risquer de le revoir, n'est pas dans le pavillon*. M. de Nemours ne peut se résoudre à quitter rapidement un lieu où elle vient si souvent et n'en part qu'au petit jour.

Il va voir sa sœur qui lui propose de rendre visite à Mme de Clèves. Quand elle le voit, Mme de Clèves prend un air froid, mais elle tombe bientôt sous le charme de la conversation de M. de Nemours qui parvient à lui dire, sans que Mme de Mercœur ne l'entende, qu'il a passé dans son jardin les plus doux et les plus cruels moments de sa vie. Quand Mme de Clèves voit que M. de Nemours rentre directement à Paris, et qu'il ne part pas avec sa sœur, elle comprend à quel danger elle va se trouver exposée, et décide de raccompagner Mme de Mercœur. <u>Extrêmement affligé</u>, M. de Nemours retourne à Paris d'où il part le lendemain rejoindre la cour.

COMMENTAIRE

Si la fonction de l'aveu, comme nœud de l'intrigue, est plus importante que celle de ce passage, rien, dans l'ensemble du roman, n'est comparable à la puissance émotive des nuits de Coulommiers. Tout est mis en œuvre pour en faire une suite d'instants exceptionnels, propres à donner toute sa beauté au paroxysme de la passion.

Des instants exceptionnels

Ces deux nuits et la journée qui les unit se déroulent dans des lieux privilégiés. Le jardin, comme le verger médiéval lieu propice à l'amour, est depuis longtemps connu du lecteur comme un endroit agréable. Il fait partie de cette « belle maison » que M. et Mme de Clèves font « bâtir avec soin », et plus particulièrement d'un pavillon qui séduit M. de Nemours par sa beauté la première fois qu'il le voit (p. 120). C'est même (p. 154), « le plus beau lieu du monde ». Puis, c'est dans un cadre élégiaque digne de *L'Astrée* que M. de Nemours laisse libre cours aux sentiments qui lui emplissent le cœur.

Le moment choisi n'est pas étranger à la qualité poétique de la principale scène de l'épisode. C'est une nuit, mais une nuit d'été, et chaude, propice à une certaine sensualité.

Une véritable mise en scène donne une grande puissance pathétique à ces quelques pages. Mme de Clèves est placée dans la plus grande solitude possible, pour une princesse de son rang. Et les deux héros, dans l'innocence et la pureté que leur donne la sincérité de leurs sentiments, n'ont aucun soupçon de la menace qui pèse sur eux.

Le paroxysme de la passion

Mme de Clèves et M. de Nemours se trouvent à nouveau entièrement pris dans l'isolement de la passion. Mais cette fois, l'accent ne porte pas sur l'amoralisme de cet enfermement. Le texte veut au contraire en faire sentir tout le charme et toutes les douleurs.

Le charme de la passion, tel que l'éprouve Mme de Clèves, est un charme trompeur. L'héroïne s'imagine qu'elle peut jouir de sa passion en toute quiétude, si elle ne se donne que des satisfactions d'ordre symbolique et fantasmatique. Elle ne connaît d'ailleurs plus très bien la limite entre le fantasme et le réel, puisqu'elle ne sait pas si elle voit M. de Nemours, ou si elle croit le voir.

Mais les choses ont pris un tel tour qu'il est trop tard pour que la passion de Mme de Clèves demeure dans le champ de l'imagination. M. de Nemours a reçu trop de signes pour ne pas vouloir faire irruption dans les rêveries de sa maîtresse, et la jalousie de M. de Clèves a fait de tels progrès qu'elle le conduit à préférer la tragédie à l'incertitude.

M. de Nemours se sent lui aussi incapable de résister au charme de la passion, lorsqu'il surprend Mme de Clèves en beauté négligée (voir Junie dans *Britannicus* de Racine). Il est pris d'un transport*, violent choc émotif causé, ici, par le désir.

Mais il souffre lui aussi des tourments de la passion, puisqu'il ne parvient pas à briser les obstacles que lui oppose sa maîtresse, et qu'il se trouve rejeté dans sa solitude, obligé de se confier à la nature.

21. LA MORT DE M. DE CLÈVES

De la page 160 : « Le gentilhomme de M. de Clèves [...] », à la page 164 : « [...] avec une constance admirable. »

RÉSUMÉ

Désespoir et maladie

Le gentilhomme de M. de Clèves a observé M. de Nemours partout ; il le précède à Chambord. Son maître le congédie après avoir entendu que M. de Nemours était entré deux nuits de suite dans le jardin, puis s'abandonne au désespoir ; peu d'hommes aussi passionnés que M. de Clèves ont ressenti en même temps la douleur de l'infidélité d'une maîtresse et la honte d'être trompé par une épouse. La fièvre le prend, et sa maladie se montre dès le début extrêmement dangereuse. Mme de Clèves accourt et trouve qu'il reçoit avec peine les services qu'elle lui rend.

Les rêveries de M. de Nemours

M. de Nemours se rend souvent à la porte de M. de Clèves, sous le prétexte de chercher de ses nouvelles. Mais il ne voit pas sa maîtresse car elle ne quitte pas le chevet de son mari. Il en conçoit de la jalousie. Puis, peu à peu, il se met à rêver au moment où Mme de Clèves sera libre de suivre son inclination.

Les derniers reproches

Un des derniers jours de la maladie de son mari, Mme de Clèves se met à genoux devant son lit, le visage baigné de larmes. Il ne peut s'empêcher de lui adresser des paroles cruelles, de lui reprocher de simuler la douleur, d'être la cause de sa mort, de lui avoir fait un aveu extraordinaire alors qu'elle n'était pas assez forte pour rester vertueuse. Il est heureux de quitter la vie, puisqu'il a perdu l'estime qu'il avait pour elle. Il lui déclare que sa passion est allée au-delà de ce qu'elle en a vu. Il n'a pas voulu perdre son estime par des manières qui ne convenaient pas à un mari. Elle sera libre, après sa mort, de rendre M. de Nemours heureux sans crime. Mais elle regrettera un jour un homme qui avait pour elle « une passion véritable et légitime ».

A ce mot de crime, Mme de Clèves comprend enfin les paroles de M. de Clèves et s'écrie qu'elle n'a jamais rien fait dont il n'aurait pu être le témoin. Il lui demande alors avec dédain si elle aurait souhaité l'avoir pour témoin des nuits qu'elle a passées avec M. de Nemours, puis finit par une question directe sur la présence de ce prince à Coulommiers. Elle s'explique longuement, l'engage même à interroger ses domestiques*.

M. de Clèves trouve du soulagement à emporter la pensée que sa femme est digne de son estime. Quelques jours après, il meurt avec une constance admirable.

COMMENTAIRE

On ne peut s'empêcher d'être surpris de la rapidité de la mort de M. de Clèves. Parmi toutes les suites qu'auraient pu recevoir les nuits de Coulommiers, l'auteur semble avoir choisi la plus brutale. Elle ne constitue pas à proprement parler un dénouement mais l'ouverture d'un profond abîme de malheur. Si la mort de M. de Clèves est une « belle mort » dans la mesure où le personnage fait preuve d'une constance admirable, son agonie est peu digne d'éloges. Mais, telle qu'elle est, elle semble le meilleur moyen de poser la question de la culpabilité de Mme de Clèves.

Une terrible agonie

On peut adhérer à l'opinion d'un critique du XVIIe siècle qui affirmait qu'il avait vu peu de gens éprouver de la pitié pour M. de Clèves. Il est alors si différent de lui-même — c'est la jalousie qui sert de motivation psychologique à un tel changement — que l'on ne le reconnaît plus. L'homme prudent du portrait initial a fait place à un être impulsif qui juge selon les apparences, et le mari honnête homme est remplacé par un mari jaloux et si grossier qu'il reproche à son épouse, après bien des réticences il est vrai, d'avoir passé des nuits avec un homme.

Nous sommes au moment où le roman commence à tirer les enseignements moraux des actions des personnages. Ils sont tous empreints d'un pessimisme fort proche de celui des *Maximes* de La Rochefoucauld. Ici, c'est l'illusion de l'honnêteté qui s'évanouit : le texte montre comment, sous la pression d'événements insupportables, un homme aussi exceptionnel que le prince de Clèves, ayant naturellement de la douceur pour sa femme, étant d'un caractère extrêmement éloigné de la jalousie, en vient progressivement à se laisser envahir par la haine et le ressentiment. Mme de Clèves a éclairé son mari trop tard ; mais on peut penser qu'il est toujours trop tard, lorsque les passions viennent s'opposer à la vertu.

La culpabilité de Mme de Clèves

C'est en cela que Mme de Clèves est coupable. Il n'est pas suffisant de garder une conduite irréprochable ; ce dont meurt M. de Clèves, c'est d'abord de voir qu'un autre reçoit l'amour qu'il désire et mérite. Mme de Clèves est victime de la malédiction qui pèse sur la beauté et sur les passions qu'elle fait naître, condamnées par l'ordre social.

C'est cette beauté, et la violence passionnelle qu'elle suscite, qui sème la mort sur son chemin. Quasi-mort du chevalier de Guise, mort de Mme de Chartres au moment où elle comprend que toute éducation, même la plus sage, est destinée à l'échec, mort de M. de Clèves, lorsqu'il croit entrevoir la monstrueuse face de la vérité.

Voici posée une nouvelle fois, et par le texte lui-même, la question de la raison et de la valeur de l'aveu. À quoi bon avouer, demande M. de Clèves, si c'est pour céder malgré tout à la passion ? Ce malheureux personnage semble alors fort proche de l'opinion de Stendhal selon qui Mme de Clèves eût mieux fait de se donner à M. de Nemours et de se taire.

À partir de ce moment, Mme de Clèves restera persuadée que sa passion, même si sa réputation n'a souffert aucune atteinte, était coupable, et qu'elle a, malgré tous ses scrupules, véritablement trahi son mari.

22. UNE VEUVE COUPABLE

De la page 164 : « Mme de Clèves demeura dans une affliction [...] » à la page 168 : « [...] le même jardin où elle l'avait trouvé. »

RÉSUMÉ

La première douleur

La douleur ôte presque entièrement la raison à Mme de Clèves. Quand elle revient à elle, l'horreur qu'elle a pour elle-même et pour M. de Nemours ne peut être exprimée. Ce prince ayant appris la raison de la mort de M. de Clèves par l'un de ses écuyers, ami intime du gentilhomme qui l'avait suivi, n'ose faire autre chose que demander des nouvelles de Mme de Clèves à sa porte. Elle vit totalement retirée.

Mme de Clèves revoit ce qu'elle doit à la mémoire de son mari, mort à cause d'elle ; elle se souvient de la crainte qu'il avait qu'elle n'épousât M. de Nemours. Après plusieurs mois sa violente affliction fait place à la tristesse et à la langueur.

Présence de M. de Nemours

Mme de Martigues, pendant un séjour à Paris, vient la voir très fréquemment et l'entretient de la cour pour essayer de la divertir. Elle lui parle de M. de Nemours qui montre moins de joie que d'habitude et part souvent en voyage pour Paris.

Le lendemain, à côté de chez elle, Mme de Clèves va voir un homme qui fait des ouvrages de soie, pour s'occuper à en faire de semblables. Elle y apprend qu'un homme, « le mieux fait du monde », y a loué une chambre dans laquelle il s'enferme pour regarder les maisons des alentours. Elle imagine alors M. de Nemours attaché à la contempler secrètement.

Elle se sent inquiète et agitée, et va prendre l'air dans un jardin peu fréquenté. Elle y aperçoit un homme allongé sur un banc. C'est M. de Nemours. Interrompu dans sa rêverie, il fait une révérence sans savoir à qui, et s'enfuit. La passion se rallume à l'instant dans le cœur de Mme de Clèves. Ce prince pour lequel elle sent une inclination violente, s'y présente comme ce qu'il y a de plus aimable, constant dans son amour, respectueux ; de plus, quelqu'un d'une qualité convenant à la sienne.

Bientôt, pourtant, reviennent les idées qui occupent son esprit depuis plusieurs mois : elle ne peut épouser quelqu'un qu'elle a aimé du vivant de son mari, et qui est la cause de sa mort. Elle fortifie ces réflexions par des considérations sur son repos et elle se persuade qu'elle doit fuir la vue de M. de Nemours.

Mais elle sent toujours un attachement violent pour lui et passe une nuit cruelle. Le matin, elle le voit à la fenêtre et se recule si brutalement qu'il ne peut douter qu'elle l'ait reconnu.

COMMENTAIRE

La mort de M. de Clèves provoque une modification complète de la situation des deux amants, et infléchit, par ce fait, les attentes du lecteur. L'on ne se demande plus si Mme de Clèves va résister à son inclination mais si les deux amants vont pouvoir s'épouser, quel accident risque de les en empêcher, quelle sera leur existence, si la fin du roman sera heureuse ou non, etc. Or les réponses se laissent deviner rapidement. Mme de Clèves apparaît immédiatement comme une veuve éplorée, et les deux amants semblent destinés pour toujours à s'aimer de loin, séparés par M. de Clèves.

Un excès de douleur

L'un des attraits de cette représentation de la douleur d'une très jeune veuve réside dans l'écart qui sépare la perception qu'en a le reste de la cour et celle qui est la nôtre. Pour les autres personnages du roman, ceux qui apportent leur aide à Mme de Clèves, cette princesse souffre de la mort d'un mari avec lequel elle partageait tout. C'est une nouvelle illustration de l'impossibilité de dépasser l'apparence, dans la vie d'une cour. Nous savons, quant à nous, et bien que Mme de Clèves veuille se persuader du contraire, que la cause principale de toute cette douleur est un sentiment de culpabilité.

La mort de son mari marque l'apogée de la souffrance de Mme de Clèves. C'est d'abord une sorte d'accès de folie, suivie d'un temps d'hébétude auquel succède la prise de conscience de l'horreur de ce qui s'est passé. Cela conduit vers ce que l'on nomme aujourd'hui un deuil pathologique, l'incapacité de retourner peu à peu à une vie normale. Mme de Clèves en vient alors fort naturellement à penser que seule une fidélité absolue à son mari défunt peut assurer son salut.

L'amour de loin

Mais elle ne peut se défendre, lorsque le hasard le plus romanesque l'a remise en présence de M. de Nemours, d'envisager la possibilité de l'épouser. Elle retrouve néanmoins rapidement l'état d'esprit qui est le sien depuis la mort de son mari et s'affermit dans l'idée qu'elle se fait de son devoir.

Il devient peu à peu certain, et la conversation qui suit amène l'héroïne à développer ce point de vue, que Mme de Clèves ne peut aimer M. de Nemours qu'en le maintenant à distance. C'est cet amour de loin qui donne lieu à des scènes émouvantes, symétriques, après la mort de M. de Clèves, à celles des nuits de Coulommiers. On y rencontre un M. de Nemours transformé par sa passion à un point tel, c'est Mme de Martigues qui l'apprend à Mme de Clèves, qu'il se retire presque totalement de la cour.

23. LA DERNIÈRE CONVERSATION

De la page 168 : « Lassé enfin d'un état si malheureux [...] » à la page 176 : « [...] et je vous en prie. »

RÉSUMÉ

M. de Nemours décide d'éclaircir sa destinée, car il craint de laisser s'éteindre l'inclination de Mme de Clèves. Il va parler à M. le vidame de sa passion et de ses projets. Il lui dévoile ses sentiments, mais ne lui dit rien de ceux de Mme de Clèves. Le vidame de Chartres accueille tout cela avec joie car il avait déjà pensé que Mme de Clèves était la seule personne digne de son ami.

Il ménage une entrevue secrète, chez lui. Ce qu'ils ressentent à cet instant est inexprimable ; c'est la première fois qu'ils sont en état de se parler. Elle le regarde avec douceur, lui demande ce qu'il attend d'une telle conversation et lui conseille de rechercher ailleurs une destinée plus heureuse. Mais pour lui, le seul bonheur est de pouvoir être aimé d'elle ; il la supplie d'avoir confiance dans sa passion.

Un aveu sans lendemain

Elle ne veut pas lui dissimuler qu'elle a été touchée par son attachement. Il s'en est aperçu, et il aurait souhaité qu'elle ne l'avouât pas à son mari. Il lui révèle alors comment il a tout écouté, et quelle imprudence il a commise. Mais Mme de Clèves lui a déjà pardonné depuis longtemps ; elle reconnaît qu'il lui a fait découvrir des sentiments qu'elle n'avait jamais éprouvés. Il pense mourir de joie à l'idée qu'elle veut bien qu'il les connaisse. Elle admet trouver de la douceur dans ces confidences, mais ajoute qu'elles n'auront pas de suite et qu'elle agira selon son devoir. M. de Nemours ne peut concevoir de quel devoir il s'agit. Elle prétend qu'elle doit penser à lui encore moins qu'à quiconque, pour des raisons qu'elle entend garder secrètes. M. de Nemours les devine mais ne les juge pas véritables. Elle refuse d'engager la conversation vers ce sujet ; pour elle, il est incontestable que M. de Nemours est à l'origine de la mort de M. de Clèves, comme s'il lui avait ôté la vie de ses propres mains.

Le devoir et le repos

Mais pour M. de Nemours, ce n'est qu'un fantôme de devoir qu'elle oppose à celui qu'elle aime. Sa destinée lui fait aimer la plus adorable des maîtresses, il a trouvé en elle la conduite qu'on peut attendre d'une femme, et il n'en est aimé que pour la voir élever elle-même des obstacles à leur bonheur ! Alors, Mme de Clèves se montre absolument sincère et le prie de l'écouter sans l'interrompre. Bien que ce soit, lui dit-elle, la seule fois de sa vie qu'elle l'entretiendra de ses sentiments, elle ne peut lui avouer sans honte que c'est la certitude de ne plus être aimée de lui qu'elle considère comme le plus grand des malheurs. Et quand bien même son devoir ne l'empêcherait pas de l'épouser, cette crainte serait assez forte pour le faire. Les hommes ne conservent pas de passion dans les engagements éternels ; doit-elle attendre un miracle ? M. de Clèves était probablement le seul homme capable de garder de l'amour dans le mariage ; peut-être d'ailleurs parce qu'elle ne l'aimait pas. Mais elle sait que M. de Nemours n'aura pas le même motif de constance quand auront disparu tous les obstacles qui, joints à l'espoir que lui donnaient certains signes, ont animé sa passion.

La défaite de M. de Nemours

Son amant lui dit qu'elle est très loin d'être prévenue en sa faveur.

« J'avoue, répond-elle, que les passions peuvent me conduire ; mais elles ne sauraient m'aveugler. » Elle connaît M. de Nemours : il est né avec toutes les dispositions pour la galanterie et toutes les qualités pour y emporter des succès. Il a déjà eu plusieurs passions, il en aura d'autres. Il lui a déjà fait connaître le malheur de la jalousie. Elle peut prédire qu'elle le croira toujours amoureux ou aimé, et qu'elle verra M. de Clèves lui reprocher de l'avoir épousé et comparer leurs façons d'aimer. Non ! Elle doit garder la résolution de ne sortir jamais de l'état où elle est. M. de Nemours veut croire qu'elle sera emportée par la violence de ses sentiments. Elle se défie de ses forces, mais trouve un appui dans la conjonction de son devoir et de son intérêt. Elle sait qu'elle sera malheureuse, mais elle le conjure de ne pas essayer de la revoir. Il se jette à ses pieds, lui montre toute la violence de sa passion. Les yeux pleins de larmes, Mme de Clèves se plaint une fois encore des cruautés de leur destinée. Pour M. de Nemours, tous ces obstacles sont imaginaires ; elle semble l'admettre et lui demande de laisser agir le temps ; pour ses sentiments, ils seront éternels. Sur ces mots, elle sort, sans que M. de Nemours puisse la retenir.

COMMENTAIRE

Pour une seule fois, Mme de Clèves et M. de Nemours engagent une véritable conversation, sans aucune retenue, puisque la disparition de M. de Clèves le leur permet. Cette rencontre leur donne l'occasion de commenter leurs actions, d'en développer le sens, les motivations, les prolongements éventuels... Les propos qu'ils tiennent, surtout ceux de Mme de Clèves, manifestent clairement le pessimisme moral sur lequel repose tout le roman.

Un commentaire dialogué

Lorsque M. de Nemours se détermine à forcer le destin en faisant tomber sa maîtresse dans une sorte d'embuscade, il envisage cette conversation comme une ultime tentative de séduction. Mais Mme de Clèves lui en ôte immédiatement l'espoir en refusant d'adopter l'attitude faible, craintive et pudibonde qui donne traditionnellement au séducteur l'audace de l'assaillant d'une place mal défendue.

Elle se distingue au contraire une nouvelle fois par une force de caractère qui n'a d'égal que son orgueil. Elle s'achemine peu à peu vers le point de vue supérieur que la proximité de la mort lui fera bientôt adopter. Elle accepte enfin, maintenant qu'il n'est plus criminel de le faire, d'avouer directement son amour à M. de Nemours ; mais c'est seulement parce qu'elle sait qu'elle ne s'abandonnera jamais à sa passion. Aussi peut-elle être plus sincère qu'aucune autre femme.

Nous avons, par moments, la désagréable sensation de lire un morceau d'éloquence, à la place d'un colloque sentimental, tant l'argumentation de Mme de Clèves semble infaillible. Elle ne peut épouser M. de Nemours pour deux ordres de raisons, qui se renforcent mutuellement : le sentiment d'une trahison *post mortem*, et la conviction que M. de Nemours ne sera pas capable de la rendre heureuse.

Cette conversation intime marque la revanche de Mme de Clèves sur son amant ; elle qui était si vulnérable, dans les conversations publiques, aux propos volontairement ambigus de M. de Nemours, triomphe à présent sur un homme qui laisse apparaître toute sa faiblesse cachée. Mais c'est une victoire fort dérisoire puisqu'elle ne permet pas d'échapper au malheur. On ne peut en effet concilier le devoir — la vertu, et le bonheur — l'amour ; seul est accessible un certain repos de l'âme.

Le pessimisme moral

C'est une morale extrêmement pessimiste qui sert de fondement à *La Princesse de Clèves*. Ceux-mêmes qui devraient, par leur beauté, par toutes leurs qualités, par la sincérité de leurs sentiments, jouir de la vie la plus heureuse, ne peuvent atteindre le bonheur dont ils paraissent pourtant si proches. C'est même parce qu'ils sont parfaits qu'ils ne peuvent être heureux.

Mme de Clèves est bien, comme l'estime M. de Nemours, l'être idéal, la seule femme au monde capable de rendre son amant heureux en l'épousant. Elle est parfaitement aimable, extrêmement aimante, et absolument vertueuse. Aussi M. de Nemours ne partage-t-il pas les craintes ordinaires des amants qui épousent leurs maîtresses. Mais la vertu de Mme de Clèves, qui devrait assurer le bonheur de son amant, devient par ses excès la cause de ses malheurs. Alors que tous les obstacles ont disparu, l'imagination de Mme de Clèves la convainc que son devoir reste la fidélité à M. de Clèves.

Quant à M. de Nemours, lui aussi ce qu'il y a de plus aimable, un « chef-d'œuvre » de la nature, Mme de Clèves ne pense pas qu'il puisse la rendre heureuse. Il est, comme tout ce qui appartient à la nature, menacé par l'usure du temps qui s'écoule, et ses sentiments, contrairement à ceux de l'être idéal qu'est Mme de Clèves, ne sont probablement pas éternels. D'ailleurs, Mme de Clèves ne pense pas que les hommes puissent aimer véritablement et durablement, lorsqu'ils sont heureux dans leur amour.

Pour aucun des deux héros n'existe donc d'amour heureux. Mais comme dans ce roman le pire est toujours sûr, il n'est pas dans la liberté de l'être humain d'aimer ou de ne pas aimer. M. de Nemours n'est pas libre de choisir une destinée plus heureuse en aimant une personne qui puisse répondre à sa passion ; quant à Mme de Clèves, sa destinée n'a pas voulu qu'elle puisse répondre aux sentiments de son mari.

Il ne reste plus à M. de Nemours qu'à attendre que le temps agisse sur Mme de Clèves comme sur toutes les créatures (comme on appelait alors l'ensemble des êtres et des choses créés par Dieu).

24. L'ULTIME RETRAITE

De la page 176 : « Elle sortit en disant ces paroles [...] », à la fin.

RÉSUMÉ

Deux amants bouleversés

M. de Nemours n'a plus l'usage de sa raison lorsque le vidame de Chartres revient auprès de lui. Il parvient enfin à rendre compte de la conversation à son ami, qui admire la vertu, l'esprit et le mérite de Mme de Clèves. Ils demeurent d'accord qu'il est impossible que Mme de Clèves persévère dans ses résolutions, et M. de Nemours charge son ami de lui parler.

Cette princesse a dit tant de choses à M. de Nemours qu'elle ne se reconnaît pas elle-même. Elle se repent d'avoir trouvé de si fortes raisons à opposer à son bonheur et cette conversation lui a fait une telle impression qu'elle ne voit plus pourquoi elle serait malheureuse en l'épousant. Dans d'autres moments, sa raison et son devoir lui montrent des choses tout opposées. Elle retrouve le calme en décidant d'attendre, mais sans faiblir dans sa résolution de ne pas entretenir de commerce avec M. de Nemours.

La fermeté de Mme de Clèves

M. de Chartres sert son ami avec la plus grande adresse, mais sans résultat. Mais Mme de Clèves lui fait si bien voir à quel point elle est persuadée que M. de Nemours est la cause de la mort de son mari qu'il craint qu'il soit difficile de lui ôter cette opinion. Néanmoins il n'en dit rien à M. de Nemours. Le jour suivant, ils partent tous deux rejoindre le roi qui conduit la reine en Espagne. M. le vidame écrit à sa nièce pour lui parler de M. de Nemours, qui ajoute quelques lignes de sa main. Ne voulant pas sortir des règles qu'elle s'est fixées, et pensant que les lettres peuvent être lues par des personnes malveillantes, elle avertit son oncle qu'elle ne recevra plus ses lettres s'il y est question de M. de Nemours.

La dernière fuite

Restée seule avec elle-même, Mme de Clèves se conforte dans l'idée qu'elle ne peut pas épouser M. de Nemours. Mais elle voit aussi qu'elle entreprend quelque chose d'impossible. Elle part pour de grandes terres qu'elle possède vers les Pyrénées ; elle envoie une lettre au vidame de Chartres pour le conjurer de ne plus lui écrire.

M. de Nemours est affligé de ce départ comme d'une mort. Il apprend que sa maîtresse, dès son arrivée, a été prise d'une violente maladie. M. de Chartres parvient difficilement à l'empêcher de montrer sa douleur en public. On sait enfin qu'elle est hors de danger, mais elle demeure dans une maladie de langueur.

La proximité de la mort donne à Mme de Clèves un autre regard sur les choses de cette vie. Elle surmonte les restes de sa passion grâce au souvenir de M. de Clèves, considère l'amour et ses engagements avec plus de détachement et se retire dans une maison religieuse.

M. de Nemours comprend l'importance de cette retraite. Il met tout en œuvre pour faire revenir Mme de Clèves sur sa décision. Il fait écrire la reine, envoie M. de Chartres, et, en dernier recours, va la voir lui-même. Elle ne le reçoit pas, mais lui fait dire par une personne de confiance que, ne pouvant être à lui, toutes les choses du monde lui paraissent indifférentes. Il part, accablé de douleur.

Enfin, après des années entières, le temps et l'absence ont éteint la passion de M. de Nemours. La vie de Mme de Clèves, assez courte, partagée entre sa maison et le couvent, « laissa des exemples de vertu inimitables ».

COMMENTAIRE

Voici une fin sans éclat, sans héroïsme, si ce n'est celui, fort discret, d'un personnage qui parvient à tenir l'extraordinaire résolution qu'il a fini par adopter ; une fin qui marque aussi le terme de l'éducation sentimentale de l'héroïne.

Une fin « réaliste »

L'emploi de l'adjectif *réaliste*, dans les études littéraires, doit requérir la plus grande prudence. *La Princesse de Clèves* n'est certes pas réaliste comme peut l'être un roman de H. de Balzac. D'autre part, il ne faut pas confondre le « réalisme » de notre roman avec celui du *Roman comique* de Scarron (1657), qui ne recule pas devant les évocations les plus précises des réalités les plus familières, ce dont l'idéalisme de *La Princesse de Clèves* est fort éloigné. Si l'on peut parler de la fin « réaliste » d'un roman idéaliste, c'est à cause du très net souci de ne pas faire appel, dans les dernières pages, à des éléments trop utilisés dans la tradition romanesque : mort violente par une maladie qui advient bien à propos (déjà trop nombreuses dans ce roman) ; entreprises extraordinaires de l'amant rejeté, pour rechercher l'oubli et la mort (comme l'avait fait le chevalier de Guise) ; enlèvement de la maîtresse par son amant, etc.

On le voit par des exemples cités entre parenthèses, la fin introduit une rupture dans le roman, en le purgeant des survivances du romanesque. Le dernier élément qui puisse se rattacher à cette tradition, la fuite au couvent, est au contraire présenté comme une action fort peu héroïque, très sereine, sans dramatisation ni recherche d'effets pathétiques. La fin du récit parvient à faire ressentir par le lecteur ce changement d'atmosphère qui correspond avant tout à l'ultime modification de l'état d'âme de Mme de Clèves.

L'achèvement d'une éducation

Un lecteur attentif ne peut manquer d'être surpris de l'extraordinaire maturité de Mme de Clèves à la fin du roman, après la mort de son mari, à partir de la conversation avec M. de Nemours. On a le sentiment que cette femme qui choisit de finir son existence en accord avec la vertu la plus sévère, dans un renoncement total au monde et à ses plaisirs, n'a plus grand chose en commun avec la jeune fille lumineuse et innocente qui est entrée à la cour quelques dizaines de pages auparavant. En fait, si l'on examine avec précision le déroulement chronologique du roman, on constate que ces deux personnages ne sont guère distants de plus d'un an. C'est une jeune femme de dix-sept ou dix-huit ans qui se détache du monde, à la fin du roman.

Il y a quelque chose qui se rompt en Mme de Clèves dans ces dernières pages, sous l'effet de la mort de son mari, et surtout par le bon usage qu'elle sait faire de sa maladie. Elle se détache de la vie du monde et de la vie dans son ensemble, en adoptant le point de vue de la mort, celui de l'éternité, qui réduit le passage sur la Terre à un instant dérisoire. Font ainsi une irruption soudaine dans le roman des considérations qui semblaient ne préoccuper jusque là que fort peu une cour tournée essentiellement vers les galanteries et l'ambition. C'est le discours de l'antihumanisme chrétien du XVIIe siècle, celui de Pascal par exemple, qui ne reconnaît en l'homme qu'une créature corrompue par le péché originel et qui, sans avoir jamais été nommé jusqu'à présent, sert de soubassement au pessimisme moral du roman.

Ainsi s'achève l'éducation de l'héroïne. Sa mère, trop « glorieuse », n'a pas eu la sagesse de la tenir à l'écart de la cour. Ce roman tend à montrer que, quelles que soient la valeur de l'éducation reçue et la fermeté du sens moral, il n'est pas de bonheur possible dans une cour dont les brillants ne recouvrent que la corruption morale. Il semblerait même, à la fin de cette histoire, que contrairement à ce que prétendait Mme de Chartres, un excès de vertu y soit un obstacle au bonheur. Mme de Martigues, moins vertueuse que Mme de Clèves, mène en effet une existence plus paisible qu'elle. Mais l'héroïne du roman, refusant le jeu de la dissimulation, par vertu, ou par orgueil, selon le jugement que le lecteur veut porter sur elle, doit rompre définitivement avec ce monde dont elle représentait pourtant une sorte d'accomplissement. Elle brise progressivement, mais définitivement toutes les communications qu'elle entretenait avec lui.

Synthèse littéraire

L'ARCHÉTYPE DE LA NOUVELLE HISTORIQUE ET GALANTE

Dans les années 1670, et jusqu'à la fin du XVIIe siècle, la nouvelle historique et galante constitue le genre romanesque le plus apprécié du public. C'est le fruit d'une longue évolution du roman, qui présente deux caractères majeurs : une considérable réduction du nombre des pages, et une volonté de rapprocher l'univers romanesque de celui du lecteur.

Les romans des années 1600 et 1660, que l'on qualifie souvent de « baroques », étaient longs de plusieurs milliers de pages et présentaient des situations et des personnages dont on ne songeait absolument pas à dissimuler l'invraisemblance. Les romans pastoraux, comme *L'Astrée* (1607-1625), font vivre tout un monde de bergers plus polis, plus galants et plus délicats que n'en verra jamais naître aucune campagne. Les romans héroïques, *Cléopâtre* (1647-1658) de La Calprenède par exemple, content des aventures qu'on ne trouve que dans les romans, dont certaines sont encore utilisées par les nouvelles « classiques », comme les lettres perdues ou dérobées, les conversations secrètes écoutées, et d'autres totalement délaissées, comme les attaques de pirates, les enlèvements de la maîtresse par un rival sans scrupule, etc.

Au fil du temps, au milieu de tentatives de divers ordres, s'est dégagé un nouveau genre romanesque : l'intrigue appartient à un passé récent, attesté par plusieurs historiens auxquels les auteurs empruntent de nombreux détails. Mais le romancier n'entend pas faire œuvre d'historien.

L'auteur de *La Princesse de Clèves* modifie au contraire l'Histoire pour les nécessités de son récit. Elle réduit la vie de M. de Clèves de quatre ans, avance les aventures anglaises de M. de Nemours de quelques années, et invente une Mlle de Chartres, puis Mme de Clèves, qui n'a jamais existé. Mais elle utilise l'Histoire pour donner une chronologie à son récit. Mlle de Chartres apparaît à la cour peu de temps après la mort de la reine Marie Tudor, en novembre 1558 et y rencontre M. de Nemours à l'occasion des fiançailles de Claude de France, en février 1559. L'aveu précède de peu la mort de Henri II, le 10 juillet 1559, et celle de M. de Clèves suit de peu le sacre de François II, le 18 septembre 1559. La grande conversation avec M. de Nemours se situe juste avant le départ d'Elisabeth en Espagne, en décembre 1559, et tout est fini avant la conjuration d'Amboise, le 18 mars 1560.

Mme de Lafayette utilise l'Histoire comme un univers exemplaire, qui sert de garantie à la vraisemblance de l'univers romanesque. Pourquoi trouver étonnant que les passions gouvernent M. de Nemours, M. de Clèves et sa femme, puisque les plus grands rois en sont les jouets ? Pourquoi être surpris de découvrir que la beauté de Mme de Clèves soit à l'origine de ses malheurs ? Regardons plutôt l'histoire de Marie de Lorraine, d'Elisabeth de France, et de Marie Stuart.

Mais le choix de la période n'est pas uniquement guidé par l'abondance des événements exemplaires ; il correspond aussi à un souci dramatique. Entre 1558 et 1560, l'histoire de France fournit en effet au romancier une de ces actions qui permettent au sens commun d'affirmer bizarrement que la réalité dépasse la fiction : la mort brutale et fortuite d'un monarque au fait de sa puissance, que l'on fait habilement, par le moyen d'une prédiction, passer pour un trait du destin.

LE PESSIMISME

Si l'on devait résumer à l'extrême l'enseignement moral de ce roman, il faudrait dire que l'homme n'est pas libre, qu'il est le jouet de ses passions et de son destin, que la cour est un lieu de fausseté et d'erreur, où le bonheur est impossible ; tout cela reposant sur la conviction que l'être humain est déchu et corrompu.

Aucun des personnages de ce roman n'est en mesure d'exercer sa liberté. Personne n'est libre de ses passions. Le devoir moral ne parvient pas à obliger Mme de Clèves à aimer son mari, pas plus que l'intérêt ne peut forcer le vidame de Chartres à aimer la reine. Personne ne parvient à contrôler ses passions. Mme de Clèves ne peut combattre son inclination pour M. de Nemours, pas plus que M. de Clèves ne peut se rendre maître de sa jalousie. Il semble d'ailleurs que les passions soient dans ce roman la façon dont se manifeste le destin. Dans sa seule conversation véritable avec son amant, Mme de Clèves dit que sa « destinée » n'a pas voulu qu'elle puisse répondre à l'amour de son mari.

Le monde de la cour, c'est-à-dire celui du lecteur auquel s'adresse le romancier, le monde le plus accompli, est faux et dangereux. Toutes les apparences y sont trompeuses, il faut beaucoup d'expérience pour y vivre, et aucune valeur morale profonde n'y est respectée. Seuls y règnent l'éclat du visage, du corps paré, et de l'esprit, et une honnêteté toute superficielle, puisqu'elle s'accommode de trahisons diverses d'amis, de maîtresses et d'amants, d'alliés politiques, etc.

L'absence de liberté, la perversion du monde, rendent toute recherche du bonheur vaine et sans issue. Il n'y a rien à faire, et le pire est toujours sûr. Les efforts de Mme de Chartres pour donner à sa fille une éducation parfaite n'ont aucune chance de succès. Toute la vertu de Mme de Clèves ne peut l'empêcher d'être le jeu de ses passions, de son inclination pour l'homme le plus aimable de la cour, en dépit de la très piètre opinion qu'elle s'est faite de ses qualités morales. Et la véritable honnêteté de M. de Clèves ne peut lui éviter de se transformer peu à peu en un tyran jaloux.

Le principe unificateur de ces jugements pessimistes n'apparaît, et c'est une des réussites du roman, que dans les dernières pages, celles du retrait de l'héroïne d'un monde qui ne lui convient pas. C'est la conception antihumaniste d'une certaine tradition chrétienne, celle qui se réfère à saint Augustin, très en vogue dans l'aristocratie au moment de la parution de *La Princesse de Clèves*, grâce à l'influence de Port-Royal, et dont on trouve de nombreuses traces dans les *Maximes* de Mme de Sablé, dans celles de M. de La Rochefoucauld, et dans les lettres de Mme de Sévigné. À cause du péché originel, l'homme est un être déchu, soumis aux désirs des passions. Seule, une véritable conversion, avec retrait du monde, peut lui permettre d'assurer son salut.

LE BEAU IDÉAL

Il peut sembler incohérent de donner à voir la faiblesse de l'être humain par le biais d'un roman idéaliste. C'est au contraire une des causes du succès de ce roman. Les personnages les plus parfaits sont les mieux choisis pour montrer cette faiblesse.

L'idéalisme romanesque est le choix d'un certain mode de représentation dans lequel on fait abstraction de la plupart des détails ; c'est un art de l'allusion, de l'ellipse, de la discrétion. Regardons le seul portrait de Mlle de Chartres, et la rapidité avec laquelle sont évoqués les traits de la plus belle personne de la cour : on note son teint, son éclat, la couleur de ses cheveux, la régularité de ses traits, ses grâces et ses charmes. L'absence de détails est un des principes de l'idéalisme romanesque, toute description plus précise risquant de choquer le goût de tel ou tel lecteur.

Quant à la discrétion de l'allusion, c'est une question de bienséance. Il y a des choses dont il faut savoir parler, comme la première nuit de deux époux : « La qualité de mari lui donna de plus grands privilèges ; mais elle ne lui donna pas une autre place dans le cœur de sa femme. » De la même façon, l'effet produit sur M. de Nemours par ce qu'il voit, la nuit, à Coulommiers, est simplement évoqué comme un transport qu'il parvient à contrôler avec peine.

Cet idéalisme de la représentation est précisément ce que l'on qualifie ordinairement de style « classique ». Il suppose que le lecteur soit capable d'une participation très active à l'interprétation du texte, qu'il puisse, par exemple, comprendre la cruauté du jugement porté sur Mme de Valentinois, lorsqu'on remarque, sans crier gare, qu'elle est parée comme sa petite fille, alors en âge de se marier.

Les personnages se trouvent donc décrits extrêmement brièvement et en termes conventionnels. Mais ce ne sont pas des personnages sans profondeur. C'est au lecteur d'être capable, au fil des pages, de leurs actions, et de leurs propos, en partageant leur point de vue, de reconstituer leur identité.

LES PRINCIPAUX PERSONNAGES

Mme de Chartres : pleine de vertu et de sagesse, elle n'a qu'un défaut, mais qui la conduit à plonger sa fille dans l'univers de la cour, dont elle connaît pourtant les dangers. Elle est « extrêmement glorieuse* ». = orgueilleuse

M. le vidame de Chartres : il appartient à la partie la plus brillante de la jeunesse de la cour. Il est galant, mais ne semble pas se distinguer par ses qualités morales. Il a simultanément plusieurs maîtresses, chacune avec une fonction qui lui est propre. Il ne peut choisir entre la passion et l'ambition. Il décide donc de tromper la reine. Il trahit le secret de son ami intime.

Mme la Dauphine : elle a le même âge que Mme de Clèves. Elle semble insouciante, écervelée, puisqu'elle nuit souvent à sa favorite, sans le désirer, apparemment. Elle fait figure d'agent involontaire du destin de l'héroïne.

M. de Nemours : personnage complexe, puisqu'il subit une évolution psychologique, de celles qui servent de preuve aux véritables passions. Au début, il est semblable au vidame de Chartres. C'est un jeune homme brillant et ambitieux. Mais la passion le métamorphose, et ses amis ne le reconnaissent plus. Il rompt avec ses maîtresses, abandonne l'espoir de régner, puis quitte peu à peu les divertissements de la cour pour venir contempler de loin celle qu'il aime. Quelle est la profondeur de cette transformation ? C'est cette question qui détermine Mme de Clèves à la prudence, d'autant plus que le manque de discrétion manifesté par M. de Nemours au sujet de l'aveu a laissé transparaître l'ancien homme sous le nouveau. D'ailleurs, après des années, sa passion s'éteint.

M. de Clèves : il subit lui aussi une évolution, mais c'est une dégradation causée par la jalousie. Lui, que le début du roman a présenté comme l'homme du monde le plus éloigné de la jalousie, en vient, sous l'emprise de cette passion, à perdre son comportement d'honnête homme. Il devient alors suspicieux, tient à sa femme des propos outrageants, et finit par la faire espionner. Le plus surprenant est qu'il trouve du soulagement dans la mort, bien que sa femme ait encore une fois réussi à le persuader qu'elle lui est restée fidèle.

Mme de Clèves : le roman est l'histoire de l'achèvement de son éducation. Elle arrive à la cour encore enfant et la quitte à peine plus d'un an après, ayant acquis une maturité extraordinaire en traversant une succession ininterrompue d'épreuves : un mariage difficile et précipité, la mort de sa mère, la découverte de la passion, à laquelle elle résiste de toute sa volonté, la jalousie d'un mari qui en meurt, la douleur de cette mort et de la conviction d'en être coupable. C'est le personnage le plus idéal du roman. Elle est l'incarnation des idées de beauté, de sensibilité, et de vertu.

LA TECHNIQUE ROMANESQUE

Le parti pris du beau idéal donne à l'ensemble de la représentation un caractère imprécis (absence de détails sur le décor, les traits des personnages, d'articulations marquées, de point de vue dominant...), que l'on ne doit jamais oublier lorsque l'on envisage les divers aspects de la « technique » de ce roman, qu'il s'agisse de la chronologie, de la composition, de la technique des points de vue, de la topographie ou de ce que l'on peut nommer le système des personnages.

La chronologie du roman est celle du cadre historique (voir la première partie de cette « Synthèse »). Il est inutile de chercher des dates, il n'y en a pas. Elles sont suggérées par la succession des événements historiques. Cela produit un effet de vraisemblance, puisque dans la vie ordinaire, ce sont les événements et non les dates qui constituent l'essentiel de la mémoire chronologique. Mais cela confère également au récit une sorte d'imprécision qui lui permet de brutales accélérations (après la mort de M. de Clèves, par exemple), ou des ralentissements saisissants (comme la grande conversation).

Cette imprécision se retrouve dans la composition du récit. Contrairement à ce que l'on dit parfois, par référence à une fausse idée du « classicisme », elle n'est ni rigoureuse ni géométrique. Les années 1670 se caractérisent par un rejet du respect trop scrupuleux des règles, ressenti comme un trait pédantesque. La Rochefoucault, par exemple, refuse de mettre de l'ordre dans ses *Maximes*. Dans *La Princesse de Clèves*, le récit glisse insensiblement d'un événement à l'autre, les différentes aventures s'entrelacent souvent (par exemple : perte de la lettre/accident de M. de Nemours/lecture de la lettre). Parfois, on pousse la désinvolture jusqu'à sauter apparemment du coq à l'âne, sans justification ; par exemple, page 55, après avoir parlé des progrès de la passion des deux amants : « La duchesse de Valentinois était de toutes les parties de plaisir (...) » (début de la première digression). En fait, ce manque de rigueur dissimule une grande unité qu'un lecteur avisé ne peut s'empêcher de découvrir (longue préparation de l'aveu, fonctions multiples des digressions, relations étroites entre l'Histoire et l'intrigue romanesque, etc).

La même qualité d'attention est requise pour apprécier le jeu des points de vue narratifs. La fonction narrative impersonnelle, que l'on nomme communément « narrateur-absent », est rarement omnisciente dans ce roman. Lorsqu'il commente les actions d'un personnage, ce « narrateur » utilise le plus souvent la modalité de l'incertitude : *« peut-être »* est-ce parce que l'un des tableaux représente M. de Nemours, que Mme de Clèves le fait porter à Coulommiers. Parfois, le narrateur ne prend pas même la peine de motiver ce qu'il raconte. Pour quelle raison, par exemple, Mme de Tournon meurt-elle le jour même du retour de Sancerre ? Il arrive aussi que les points de vue se multiplient et se superposent, donnant, comme on dit aujourd'hui, un caractère « polyphonique » au récit (voir la rencontre des deux héros, sous les regards de toute la cour). Tout cela donne au lecteur l'impression d'une certaine liberté d'interprétation. Très rarement, pourtant, un point de vue devient dominant : le narrateur fait passer sur les lèvres du lecteur un léger sourire ironique, lorsque, par exemple, Mme de Clèves croit M. de Nemours plus blessé que ne le font les autres spectateurs.

La topographie est aussi imprécise que la chronologie. Peu de lieux sont spécifiés. On ne connaît même pas la localisation de la résidence parisienne de Mme de Clèves. Les seules indications précises sont là aussi d'ordre historique. On sait toujours où se trouve la cour (au Louvre, à Fontainebleau, à Reims, etc.). Un seul lieu privé est localisé et décrit, la « belle maison » de Coulommiers, ce qui en souligne l'importance. Quelques lieux ont une fonction : Coulommiers est le lieu de l'abandon, la cour en général celui du mensonge et de l'intrigue, la cour de la reine dauphine en particulier celui des surprises de l'amour.

Le système des personnages doit être lui aussi dédoublé : le système politique de l'organisation du pouvoir, avec ses révolutions, et celui, plus proprement romanesque, des personnages qui interviennent dans les aventures de Mme de Clèves, les deux se recoupant. On peut classer les personnages selon leur fonction : la reine dauphine et Mme de Martigues jouent le même rôle, celui d'agents involontaires du destin, Mme de Chartres et M. de Clèves ont la même figure, celle de personnages sages et rassurants, et subissent la même destinée.

Lexique

Abord (d') : dès que.

Accoutumé (avoir - de) : avoir l'habitude de.

Admirer : considérer avec stupéfaction quelque chose d'extraordinaire.

Aimable : digne d'être aimé(e).

Amant : celui qui aime, qu'il soit ou ne soit pas aimé en retour, avec, éventuellement des relations illégitimes avec une femme mariée (voir p. 293).

Après-dînée : après-midi.

Attachement : le plus souvent, lien affectif durable ; mais aussi lien d'intérêt (par exemple p. 45).

Aussi : (dans un contexte négatif) non plus.

Bague (course de -) : jeu d'adresse consistant à essayer de prendre un anneau, en pleine course, du bout de sa lance.

Bienséance(s) : ce que le code de la politesse dicte de faire en fonction des circonstances (selon le sexe, l'âge, la position hiérarchique, etc.).

Cependant : en plus du sens moderne, peut signifier « pendant ce temps ».

Cercle : « compagnie des princesses et des duchesses assises en rond, à droite et à gauche de la reine » (Dictionnaire de l'Académie française de 1694).

Commerce : désigne toutes sortes de relations sociales ou affectives.

Compliments : terme générique désignant toutes les formules de politesse qu'on échangeait à l'occasion d'événements marquants (félicitations, condoléances, etc.).

Devant que : avant que.

Diligence (venir, aller... en -) : très rapidement.

Domestique : celui qui vit dans la maison, c'est-à-dire, celui qui appartient à l'entourage d'un grand seigneur ; ce sont souvent des gens de petite noblesse, comme Lignerolles, ou Chastelart.

Éclaircir (s') : chercher à découvrir la vérité.

Étonner (s'- de quelque chose) : en être moralement fortement choqué.

Extravagance : caractère ou action digne d'un fou.
Fille (de telle ou telle reine) : fille d'honneur, demoiselle d'honneur.
Fortune : ce qui arrive à l'homme, par hasard, ou par le destin.
Galant : terme très difficile à définir. Un homme galant est un homme de cour, à la mode, brillant, etc. Mme de Lafayette semble introduire une distinction entre le galant homme et l'honnête homme, le second étant moins brillant, moins attirant que le premier, mais moralement plus droit et plus profond.
Galanterie(s) : une galanterie est une aventure amoureuse, quel que soit l'état des relations entre les deux amants. Le vidame de Chartres a une galanterie avec Mme de Thémines, et une autre, simultanément, avec une femme moins sévère. Au pluriel, « paroles galantes » (pour faire la cour).
Glorieux : orgueilleux.
Hasard : en plus du sens moderne, a le sens de risque, de chance.
Heure (tout à l'heure) : immédiatement.
Honnête : voir *galant*.
Inclination : attirance naturelle d'un être vers un autre, pouvant s'accompagner de passion.
Liaison : relation, qu'elle soit affective ou politique (notamment dans l'expression « prendre des liaisons avec quelqu'un »).
Libéral : généreux (libéralité(s) : générosité).
Maison : famille, ou entourage d'un grand seigneur.
Maître de camp : dans la langue des tournois, désigne celui qui prend en charge l'organisation générale du tournoi.
Maîtresse : celle qui est aimée, qu'elle réponde ou non à l'amour qui lui est porté ; qu'elle entretienne ou non des relations illégitimes avec son amant.
N.B. une reine est la « maîtresse » de ses filles ou de ses femmes.
Mander (quelque chose à quelqu'un) : faire savoir.
Marque : donner une marque de passion, c'est en donner un signe.
Particulier (adj.) : a parfois le sens de singulier, d'étrange, lorsqu'il est question d'un avis, de propos.
Pas : dans le langage des tournois, passage défendu par les « tenants » contre les « venants », les assaillants.
Pavillon : toute construction de faible importance.
Point (ne -) : pas (ne -).

Poste : la poste était un système de relais de chevaux permettant de voyager rapidement.
Qualité (grande - ; - proportionnée à...) : désigne la condition sociale d'une personne. Mlle de Chartres a une qualité proportionnée à sa beauté ; la qualité de M. de Nemours convient à celle de Mme de Clèves, ils pourraient donc se marier.
Refuser (quelqu'un) : refuser de faire ce qu'il demande.
Rompre : combattre.
Souffrir : supporter, tolérer.
Surmonter : (au passif) être dominé, vaincu.
Tenant : celui qui défend, qui « tient » le pas contre les assaillants.
Transport : mouvement général de l'être en proie à une forte émotion.
Traverser (un projet) : empêcher un projet d'aboutir.
Visionnaire : sorte de malade mental qui apporte foi aux créations de son imagination.

Un mariage à la cour de Henri III.

Quelques citations

La beauté et la passion

« Elle était si belle, ce jour-là, qu'il en serait devenu amoureux quand il ne l'aurait pas été. » « [...] il craignait de laisser trop voir le plaisir qu'il avait à la regarder. » (p. 91)

« [...] il la vit d'une si admirable beauté qu'à peine fut-il maître du transport que lui donna cette vue. » (p. 154)

La cour

« Elle était maîtresse de sa personne et de l'État. » (p. 38)

« L'ambition et la galanterie étaient l'âme de cette cour. » (p. 44)

« Il y avait une sorte d'agitation sans désordre dans cette cour, qui la rendait très agréable, mais aussi très dangereuse pour une jeune personne. » (p. 45)

« — Si vous jugez par les apparences dans ce lieu-ci, répondit Mme de Chartres, vous serez souvent trompée : ce qui paraît n'est presque jamais la vérité. » (p. 56)

L'honnêteté

« [...] la sincérité me touche d'une telle sorte que je crois que si ma maîtresse, et même ma femme, m'avouait que quelqu'un lui plût, j'en serais affligé sans en être aigri. » (p. 76)

L'idéalisme romanesque

« [...] il semblait que la nature eût pris plaisir à placer ce qu'elle donne de plus beau dans les plus grandes princesses et dans les plus grands princes. » (p. 36)

« Ce prince était un chef-d'œuvre de la nature. » (p. 37)

« La blancheur de son teint et ses cheveux blonds lui donnaient un éclat que l'on n'a jamais vu qu'à elle ; tous ses traits étaient réguliers, et son visage et sa personne étaient pleins de grâce et de charmes. » (p. 41)

« On ne peut exprimer ce que sentit M. de Nemours dans ce moment. » (p. 155)

Fatalisme et lucidité

« [...] je tenais à Mme de Thémines par une inclination naturelle que je ne pouvais vaincre. » (p. 109)

« Je suis vaincue et surmontée par une inclination qui m'entraîne malgré moi. » (p. 119)

« [...] les passions peuvent me conduire ; mais elles ne sauraient m'aveugler. » (p. 174)

La passion

« Il s'assit vis-à-vis d'elle, avec cette crainte et cette timidité que donnent les véritables passions. » (p. 84)

« Et ce qui marque encore mieux un véritable attachement, c'est de devenir entièrement opposé à ce que l'on était, et de n'avoir plus d'ambition, ni de plaisir, après avoir été toute sa vie occupé de l'un et de l'autre. » (p. 85)

« [...] il voyait dans toutes ses actions cette sorte de trouble et d'embarras que cause l'amour dans l'innocence de la première jeunesse. » (p. 93)

« Quelle passion endormie se ralluma dans son cœur, et avec quelle violence ! » (p. 167)

« Enfin, des années entières s'étant passées, le temps et l'absence ralentirent sa douleur et éteignirent sa passion. » (p. 180)

La souffrance

« Jamais douleur n'a été pareille à la mienne. » (p. 98)

« J'ai tout ensemble la jalousie d'un mari et celle d'un amant [...] » (p. 123)

« [...] je suis le plus malheureux de tous les hommes. » (p. 151)

« [...] je meurs du cruel déplaisir que vous m'avez donné. » (p. 161)

Jugements critiques

XVIIᵉ siècle

« Il vous serait aisé de juger qu'un géomètre comme moi, l'esprit tout rempli de mesures et de proportions, ne quitte point son Euclide pour lire quatre fois une nouvelle galante, à moins qu'elle n'ait des charmes assez forts pour se faire sentir à des mathématiciens mêmes, qui sont peut-être les gens du monde sur lesquels ces sortes de beautés trop fines et trop délicates font le moins d'effet. » (**Fontenelle,** « Lettre d'un géomètre de Guyenne », *Le Mercure galant,* mai 1678)

Contrairement à ce que l'on prétend parfois, ce n'est pas la rigueur de la composition qui charme Fontenelle. Il sait bien que cette composition n'est pas « géométrique ». Au contraire, il dit que les beautés « fines » sont ici tellement fortes qu'elles peuvent charmer les géomètres eux-mêmes (voir l'opposition entre esprit de géométrie et esprit de finesse chez Pascal).

« Par exemple, qu'y a-t-il de plus imaginaire que le duc de Nemours, et la princesse de Clèves, dans le roman qu'on a fait pour eux ? Il est aimé, il sait qu'il est aimé, il est le plus galant homme, le mieux fait, et le plus aimable de son siècle, et il n'ose pas seulement dire un mot de son amour. Sa maîtresse sent une passion pour lui extrêmement violente, et nonobstant tout cela ils ne font rien, ils ne disent rien. Le monde ne produit point de gens de cette espèce, ils ne sont que le pur Ouvrage d'un Romaniste. » (**P. Bayle,** 1684, dans un ouvrage de moraliste)

XVIIIᵉ siècle

« Lafayette (Marie-Magdeleine de La Vergne, comtesse de). Sa *Princesse de Clèves* et sa *Zaïde* furent les premiers romans où l'ont vit les mœurs des honnêtes gens, et des aventures naturelles décrites avec grâce. Avant elle, on écrivait d'un style ampoulé des choses peu vraisemblables. » (**Voltaire,** *Siècle de Louis XIV*)

« La Princesse de Clèves, après bien des combats et une longue résistance, devenue coupable et malheureuse par la seule témérité de sa confiance en elle-même et en ses propres résolutions, eût été d'un exemple moins intéressant, mais certainement plus moral. » (**Marmontel,** *Essai sur les romans*)

XIXᵉ siècle

« La liaison si longue et si inviolable qu'eût Mme de Lafayette avec M. de La Rochefoucauld fait ressembler sa vie elle-même à un roman [...] On aime à y voir un cœur tendre s'alliant avec une raison amère et désabusée qu'il adoucit [...] Mme de Clèves, en un mot, maladive et légèrement attristée, à côté de M. de Nemours vieilli et auteur des *Maximes.* » (**Sainte-Beuve,** *Portraits de femmes*)

« Le bonheur de Don Juan n'est que de la vanité basée, il est vrai, sur des circonstances amenées par beaucoup d'esprit et d'activité ; mais il doit sentir que le moindre général qui gagne une bataille [...] a une jouissance plus remarquable que la sienne ; tandis que le bonheur du duc de Nemours quand Mme de Clèves lui dit qu'elle l'aime est, je crois, au-dessus du bonheur de Napoléon à Marengo. » (**Stendhal,** *De l'Amour*)

XXᵉ siècle

« Les ombres, les angoisses, les épouvantes, les fuites, les reprises, les reculs, les larmes de la princesse, nous laissent entendre les rêves qui doivent la tourmenter la nuit. Là, ceux qui subissent une règle deviennent libres et trompent impunément ceux qui les regardent dormir. Que deviennent Mme de Clèves et le duc dans leurs sommeils ? Sade et Freud s'ébauchent dans ces âmes qui se croyaient simples. » (**Jean Cocteau,** Préface à *La Princesse de Clèves*)

« Si les soliloques de Mme de Clèves suivent avec souplesse les détours des mouvements passionnels, ils ne déroulent cependant que le discours d'une conscience organisée ; le trouble ne parle pas le langage du trouble [...] Où est le " style du cœur " ? Il est dans le comportement de Mme de Clèves en présence d'autrui. » (**Jean Rousset,** *Forme et signification*)

Index thématique

Admiration (admirer, admirable) : 41-44 ; 53-56 ; 62 ; 66 ; 69 ; 90 ; 122 ; 123 ; 126 ; 151 ; 154 ; 159 ; 164 ; 172.

Agrément(s) (agréable) : 37 ; 39 ; 43 ; 53 ; 55 ; 57 ; 63 ; 75 ; 89 ; 93 ; 102 ; 103 ; 106 ; 110 ; 115 ; 117 ; 118 ; 120 ; 142 ; 153 ; 159.

Aimable : 37 ; 41 ; 43 ; 55 ; 69 ; 75 ; 77 ; 82 ; 85 ; 89 ; 93 ; 98 ; 105 ; 126 ; 139 ; 151 ; 178.

Amant(s) : 45 ; 52 ; 61-63 ; 76 ; 93 ; 111 ; 119 ; 123 ; 152 ; 155.

Ambition (ambitieux) : 35 ; 36 ; 38 ; 44 ; 52 ; 58 ; 90.

Ami : 43-45 ; 103 ; 104 ; 106 ; 152.

Ami intime : 47 ; 66 ; 81 ; 152.

Amitié : 48 ; 58 ; 69 ; 73 ; 91 ; 105 ; 122 ; 125 ; 152.

Amour : 40 ; 44 ; 45 ; 57 ; 62 ; 78 ; 80-82 ; 93 ; 104 ; 109 ; 117-119 ; 123 ; 126 ; 128 ; 130 ; 134 ; 137 ; 142 ; 147 ; 149 ; 155 ; 162 ; 163 ; 168 ; 171.

Amoureux : 35 ; 36 ; 39 ; 44 ; 48 ; 49 ; 51 ; 54 ; 55 ; 57 ; 58 ; 61 ; 65-67 ; 73 ; 75 ; 78 ; 81 ; 87 ; 89-91 ; 101 ; 103 ; 104 ; 105 ; 110 ; 123 ; 126 ; 131-134 ; 157 ; 164.

Attachement(s) : 45 ; 46 ; 50 ; 55-57 ; 65 ; 85 ; 104-106 ; 109 ; 112 ; 119 ; 134 ; 167 ; 170.

Beauté : 35-38 ; 40-43 ; 48 ; 52-57 ; 62 ; 64 ; 67 ; 69 ; 81 ; 83 ; 84 ; 89 ; 91 ; 104 ; 110 ; 120 ; 122 ; 130 ; 131 ; 141 ; 153-155 ; 157 ; 159.

Bienséance : 49 ; 50 ; 52 ; 86 ; 144 ; 148 ; 164 ; 178.

Confiance (défiance, confidence, se fier...) : 41 (défiance de soi-même) ; 45 ; 50 ; 75 ; 81 ; 91 ; 103-106 ; 110-112 ; 116 ; 117 ; 119 ; 123 ; 124 ; 126-128 ; 133 ; 135-137 ; 153.

Crainte (peur, craindre...) : 46 ; 49 ; 56 ; 58 ; 65 ; 74 ; 75 ; 84 ; 95 ; 100 ; 103 ; 104 ; 110 ; 119 ; 123 ; 125 ; 127-129 ; 139 ; 141 ; 149 ; 150 ; 155 ; 157 ; 159 ; 161 ; 165.

Dépit : 46.

Destin (fortune, destinée) : 39 ; 49 ; 53 ; 54 ; 105 ; 111 ; 149 ; 157 ; 168 ; 170 ; 172 ; 175.

Devoir : 68 ; 167 ; 168 ; 171 ; 172 ; 175-178.

Discrétion (discret) : 99-101 ; 109 ; 111 ; 138 ; 141.

Dissimulation (dissimuler) : 35 ; 80 ; 89 ; 93 ; 95 ; 97-100 ; 104 ; 110 ; 114 ; 121 ; 123 ; 124 ; 128 ; 129 ; 133 ; 136 ; 143 ; 149 ; 154 ; 155 ; 157 ; 158 ; 161.

Divertissement(s) : 35 ; 63 ; 64 ; 86 ; 89 ; 94 ; 120 ; 165.

Douleur (souffrance, tourments, affliction) : 51 ; 57 ; 59 ; 61 ; 62 ; 65 ; 67-69 ; 73-80 ; 82 ; 84 ; 86 ; 96-99 ; 116 ; 120-122 ; 125-127 ; 130-133 ; 135 ; 137-139 ; 142 ; 143 ; 149 ; 150 ; 152 ; 156 ; 157 ; 159-161 ; 163-165 ; 167 ; 168 ; 178 ; 180.

Éclat : 37 ; 39 ; 41 ; 53 ; 61 ; 94 ; 95.

Embarras : 54 ; 63 ; 65 ; 74 ; 92 ; 93 ; 101 ; 103 ; 110 ; 112 ; 115-117 ; 121 ; 124 ; 126-129 ; 132-136 ; 139-141 ; 143 ; 154 ; 156 ; 159.

Esprit (avoir de l') : 36 ; 37 ; 40 ; 43 ; 46-48 ; 55 ; 89 ; 100 ; 159.

Estime : 122 ; 125 ; 126 ; 138 ; 139 ; 162 ; 163.

Galant (galanterie) : 35 ; 37 ; 41 ; 44 ; 47 ; 52 ; 54 ; 59 ; 65 ; 68 ; 74 ; 81 ; 85 ; 89 ; 93 ; 95 ; 101 ; 104 ; 111 ; 119 ; 139 ; 165.

Gloire (glorieux) : 37 ; 41 ; 126 ; 129 ; 137 ; 138.

Haine : 36 ; 46 ; 48 ; 56-58 ; 60 ; 66 ; 79 ; 102 ; 106 ; 109 ; 110 ; 118 ; 123 ; 125 ; 133 ; 151 ; 157.

Hasard (sens moderne) : 87 ; 95 ; 120 ; 136 ; 137 ; 140 ; 149 ; 152.

Honnête (honnêteté) : 42 ; 104 ; 127 ; 152.

Inclination : 42 ; 45 ; 49 ; 50 ; 55 ; 61 ; 75 ; 83 ; 85 ; 89 ; 93 ; 100 ; 109 ; 137 ; 161 ; 162 ; 167 ; 168.

Infidélité : 77 ; 98 ; 105 ; 111 ; 133 ; 140 ; 160.

Intrigue(s) : 45 ; 58 ; 147 ; 148.

Jalousie : 33 ; 45 ; 48 ; 49 ; 52 ; 54 ; 57 ; 59 ; 60 ; 73 ; 74 ; 77 ; 81 ; 91 ; 99 ; 109-111 ; 113 ; 118 ; 119 ; 121 ; 123 ; 135 ; 149.

Jeunesse : 35-38 ; 41 ; 45 ; 52 ; 55 ; 57 ; 58 ; 81 ; 83 ; 86 ; 89 ; 96 ; 110.

Liaison(s) : 38 ; 40 ; 56 ; 91 ; 106 ; 109 ; 118.

Magnificence (magnifique) : 94 ; 120 ; 130 ; 141.

Maîtresse : 37 ; 38 ; 55 ; 56 ; 59 ; 60 ; 62 ; 63 ; 66 ; 76 ; 98 ; 102 ; 106 ; 112 ; 151 ; 160.

Passion : 35 ; 37 ; 39 ; 42 ; 44 ; 46 ; 47 ; 50 ; 51 ; 52 ; 55-57 ; 59 ; 60 ; 65-67 ; 78 ; 82-84 ; 88 ; 90 ; 92 ; 98-100 ; 102 ; 111 ; 118 ; 119 ; 123 ; 124 ; 126 ; 131-134 ; 137-139 ; 151-153 ; 155 ; 157 ; 161 ; 162 ; 164 ; 165 ; 167-170 ; 174 (les passions) ; 176 ; 178-180.

Plaisir(s) : 55 ; 63-65 ; 67 ; 78 ; 79 ; 85 ; 99 ; 103 ; 104 ; 114 ; 115 ; 117 ; 120 ; 121 ; 143 ; 161 ; 168.
Qualités (grandes, bonnes) : 35 ; 36 ; 39 ; 50.
Raison : 47 ; 77 ; 80 ; 138 ; 151 ; 156 ; 164 ; 165 ; 168 ; 176 ; 177.
Reconnaissance : 49 ; 50 ; 68 ; 76 ; 82 ; 134.
Respect : 43 ; 49 ; 52 ; 85 ; 88 ; 96 ; 103 ; 129 ; 140 ; 141 ; 157 ; 167.
Sagesse : 50 ; 52 ; 59 ; 61 ; 65 ; 69.
Secret : 39 ; 40 ; 46 ; 74 ; 103 ; 105 ; 126 ; 132 ; 135-137.
Tendresse : 82 ; 125 ; 130 ; 162 ; 165.
Tristesse : 52 ; 67 ; 121 ; 127 ; 128 ; 135 ; 140 ; 141 ; 151 ; 165.
Tromper (trahir) : 76 ; 77 ; 80 ; 98 ; 99 ; 104-106 ; 109-111 ; 117-119 ; 136 ; 162.
Trouble : 50-52 ; 67 ; 76 ; 83 ; 85 ; 88 ; 92 ; 95 ; 97 ; 101 ; 102 ; 113 ; 125 ; 128 ; 133 ; 134 ; 139 ; 140 ; 149 ; 154-156 ; 158 ; 161 ; 165 ; 166 ; 176.
Valeur : 36 ; 37.
Vertu : 41 ; 68 ; 86 ; 127 ; 148 ; 154 ; 162 ; 167 ; 168 ; 178 ; 180.
Voir (regarder, observer, aux yeux de...) : 51-55 ; 60-64 ; 66-69 ; 76-80 ; 84-86 ; 88 ; 91 ; 92 ; 96 ; 100 ; 120-124 ; 128-129 ; 131-133 ; 141-144 ; 149 ; 150 ; 153-160 ; 166-169 ; 179 ; 180.

Plans et sujets de travaux

COMPOSITIONS FRANÇAISES

Exercices

Voici deux citations qui pourraient servir de noyaux à des sujets portant sur la lecture ou sur la fonction du roman. De quelle façon la connaissance de *La Princesse de Clèves* pourrait-elle aider à construire une argumentation pour chacun d'eux ?

1. « *La fin principale des romans, ou du moins celle qui le doit être, et que se doivent proposer ceux qui les composent, est l'instruction des lecteurs, à qui il faut toujours faire voir la vertu couronnée, et le vice châtié.* » (*Huet*, Lettre sur l'origine des romans, *1670*)

Pour traiter le sujet : Texte paru avec *Zaïde*. Jugement typique du XVIIe siècle, époque d'une interrogation sur les dangers du théâtre et du roman. La question, pour *La Princesse de Clèves*, se résume ainsi : la vertu y triomphe-t-elle vraiment : Partant, sert-elle véritablement à l'instruction du lecteur, ou n'a-t-elle pas, comme l'a pensé un autre critique du XVIIe siècle le seul effet de rendre les femmes « plus tendres » ?

2. *Il se peut que l'auteur écrive en pensant à un certain public empirique, comme le faisaient les fondateurs du roman moderne, Richardson, Fielding, ou Defoe, qui écrivaient pour les marchands et leurs femmes ; mais Joyce aussi écrit pour un public, lui qui pense à un lecteur idéal atteint d'une insomnie idéale. Dans les deux cas, que l'on croie s'adresser à un public qui est là, devant la porte, prêt à payer, ou que l'on se propose d'écrire pour un lecteur à venir, écrire c'est construire, à travers le texte, son propre modèle de lecteur.* » (*U. Eco*, Apostille au nom de la rose, *1983*)

Pour traiter le sujet : l'opposition entre ceux qui écrivent pour un public « empirique » et ceux qui écrivent pour un lecteur « idéal », est purement théorique. Dans chaque texte, il y a des deux. On sait que Mme de Lafayette écrivait pour un public précis ; mais on peut dégager de La Princesse de Clèves l'image d'un lecteur idéal, — voir, en particulier, dans la synthèse littéraire la partie intitulée le beau idéal). L'idée d'un lecteur modèle est un des moyens de prendre en compte la capacité d'un roman à dépasser le public pour lequel il a été écrit, pour s'adresser à ce que l'on nomme la postérité.

Sujets sur *La Princesse de Clèves*

1. « *Dans le second (volume), l'aveu de Mme de Clèves à son mari est extravagant, et ne se peut dire que dans une histoire véritable ; mais quand on en fait une à plaisir, il est ridicule de donner à son héroïne un sentiment si extraordinaire. L'auteur, en le faisant, a plus songé à ne pas ressembler aux autres romans qu'à suivre le bon sens.* » (*Bussy-Rabutin*, Lettre à Mme de Sévigné, *le 29 juin 1678*)

Pour traiter le sujet : on débattait alors pour savoir si cet aveu était vraisemblable, c'est-à-dire si une femme réelle aurait pu le faire à un mari réel. Bussy va plus loin, puisqu'il demande à une œuvre de fiction (faite « à plaisir »), plus de vraisemblance qu'à la réalité ; elle doit se conformer au « bon sens », et éviter l'« extravagance », la folie. Que penser de ce point de vue esthétique ? L'aveu de la princesse est-il véritablement extravagant, est-ce ainsi que le texte présente les choses ? N'y a-t-il pas, dans *La Princesse de Clèves*, un principe qui dépasse le simple point de vue du bon sens ?)

2. « *On nous trompe sur* La Princesse de Clèves, *on nous trompe en brandissant cet admirable livre comme justification chaque fois qu'on veut défendre un de ces pâles petits récits d'amourette (...) avec juste assez de poivre au milieu de sa fadeur pour le rendre vendable (...). C'est un livre brûlant* (...) (*M. Butor*, Répertoire I, *1960*)

Pour traiter le sujet : sujet plus simple que le précédent. Tout tourne autour de « brûlant ». Qu'est-ce qui est brûlant dans ce roman ? Brûlant pour qui ? Quelle interprétation du roman propose-t-on pour affirmer qu'il soit brûlant ? Mais n'y a-t-il pas malgré tout une fadeur de *La Princesse de Clèves* ? On pourrait finir en montrant que ce roman n'est pas une amourette ou un livre brûlant, mais justement une amourette brûlante.

EXPOSÉS

La crainte (montrer que c'est un des moteurs de l'action, aussi bien sur le plan des intrigues amoureuses que politiques, que certains personnages sont trop timorés, d'autres trop audacieux, etc. ; se servir de l'index thématique).

Cacher et exhiber (se cacher, et s'exhiber en se parant, dissimuler ses véritables sentiments, tout avouer, etc. Ces deux actions, sous leurs diverses formes, conduisent toute l'intrigue, elles ont aussi une grande importance symbolique ; se servir de l'index thématique, mais aussi voir pp. 23, 34-36, 45-46, 50-52, 60-61, 64-66, 68, 74-75, 80-81, 88-90, 94.

L'utilisation de l'Histoire (voir dans la synthèse littéraire, la partie intitulée *l'archétype de la nouvelle historique et galante* ainsi que pp. 14-16, 19-20, 25-27, 42-43, 50-52, 74-75).

COMMENTAIRES COMPOSÉS

1. *P. 84 et 85, depuis « Je ne suis pas fâché, Madame [...] » jusqu'à « [...] n'eût fini la conversation et la visite ».*

Pour traiter le sujet : c'est la première fois que M. de Nemours parle de sa passion. À quelle occasion ? Comment s'y prend-il pour le faire ?

Plan possible : 1. Une déclaration indirecte (le respect de la véritable passion empêche M. de Nemours d'être plus clair ; montrer la passion, plutôt que la déclarer).

2. L'aveu du silence (Mme de Clèves « interdite » - voir le vol du portrait ; sauvée par le hasard).

3. L'art des antithèses (deux attitudes opposées — parole de M. de Nemours et monologue intérieur de Mme de Clèves ; les signes paradoxaux de la passion ; les hésitations de Mme de Clèves).

Conclusion : une déclaration pour rien (aucune suite, elle ne sera pas considérée par aucun des deux amants comme une véritable déclaration).

2. *P. 142 : depuis « Sur le soir [...] » jusqu'à « [...] ne fût accomplie ».*

Pour traiter le sujet : on peut relever quelques points intéressants : la représentation de la noble mort d'un monarque — discrétion de la représentation, rapidité et précision des notations, noblesse des attitudes, etc. ; l'importance de cet événement pour la suite de l'intrigue, pour la place de l'Histoire dans le roman ; les notations répétées qui indiquent la présence du destin.

3. *P. 55/56 de « La duchesse de Valentinois était de toutes les parties [...] » jusqu'à « [...] qui se passent encore présentement ».*

Pour traiter le sujet.
1) Quelques questions :
— Quelle est la fonction narrative de ce passage ?
— Partagez-le en deux parties, trouvez-leur un titre.
— Quelle motivation psychologique peut-on donner à l'étonnement manifesté par Mme de Clèves ?
— Dégagez avec précision la définition du grand attachement louable pour Mme de Chartres.
— En rapprochant cet extrait d'autres passages du roman où il est question de Mme de Valentinois, essayez de définir la fonction romanesque de ce personnage (rôle dans l'intrigue, valeur symbolique...).

2) Rédigez la suite de cette introduction : « Mme de Clèves et M. de Nemours viennent de se rencontrer. Ils sont très vite entraînés par la violence d'une inclination réciproque. Mais le récit de leurs amours naissantes est interrompu brusquement par la première digression du roman.
Le passage est l'introduction de cette digression, dans laquelle Mme de Chartres, répondant à la toute nouvelle curiosité de Mme de Clèves, présente une certaine morale de l'amour à travers un rapide portrait de Mme de Valentinois. »

Le plan annoncé est le suivant :
a) La composition du récit : comment introduire une digression (arbitraire et motivation)

b) La nouvelle curiosité de Mme de Clèves pour les choses de l'amour (grande naïveté. Comparer avec ses questions sur Elisabeth d'Angleterre).

c) Une morale de l'amour (à mettre en perspective avec toute la digression, et avec l'éducation reçue par Mme de Clèves).

d) Une femme galante (un exemple-repoussoir pour Mme de Clèves).

Bibliographie essentielle

Œuvres de Madame de Lafayette

La Princesse de Clèves, publ. par A. Adam, Garnier-Flammarion, 1966. (édition de référence)

Romans et Nouvelles, publ. par E. Magne, avec une introduction d'Alain Niderst, Classiques Garnier, 1970.

**Ouvrages critiques
sur *La Princesse de Clèves***

Alain NIDERST, La Princesse de Clèves, *le Roman paradoxal*, collection « Thèmes et Textes », Larousse, 1973.

Maurice LAUGAA, *Lectures de Mme de Lafayette,* collection U^2, Colin, 1971.

Ouvrage de référence

Henri COULET, *Le Roman jusqu'à la Révolution,* collection U, Colin, 1967.

A voir

La Princesse de Clèves, film de Jean Delannoy (1960), avec Marina Vlady (Mme de Clèves), Jean Marais (M. de Clèves), Jean-François Poron (le duc de Nemours).

Table des matières

REPÈRES
Madame de Lafayette et *La Princesse de Clèves* 3
Chronologie 6
Sommaire de *La Princesse de Clèves* 9
Les personnages 10

RÉSUMÉS ET COMMENTAIRES 13

SYNTHÈSE LITTÉRAIRE
L'archétype de la nouvelle historique et galante 97
Le pessimisme 98
Le beau idéal 100
Les principaux personnages 101
La technique romanesque 102

ANNEXES
Lexique 105
Quelques citations 109
Jugements critiques 111
Index thématique 113
Plans et sujets de travaux 117
Bibliographie essentielle 123

DANS LA MÊME COLLECTION

1. **Germinal**, Émile Zola
2. **L'École des femmes**, Molière
3. **Le Rouge et le Noir**, Stendhal
4. **Candide**, Voltaire
5. **Jacques le Fataliste**, Denis Diderot
6. **La Princesse de Clèves**, Madame de Lafayette
7. **Tartuffe**, Molière
8. **L'Assommoir**, Émile Zola
9. **Dom Juan**, Molière
10. **Madame Bovary**, Gustave Flaubert

ÉDITION : **Annie Chouard**
MAQUETTE : **Christine Chenot**
COUVERTURE : **Juliette Saladin**

PHOTOS
8 : Roger-Viollet
108 : Nathan

Aubin Imprimeur

LIGUGÉ, POITIERS

Achevé d'imprimer en septembre 1989
N° d'édition K 50023 (Do.VII) EP
N° d'impression L 33205
Dépôt légal, octobre 1989
Imprimé en France

# LIFE AS A BATTLE OF BRITAIN SPITFIRE PILOT

ARTHUR DONAHUE
BATTLE OF BRITAIN SPITFIRE PILOT

EDITED BY HANNAH HOLMAN

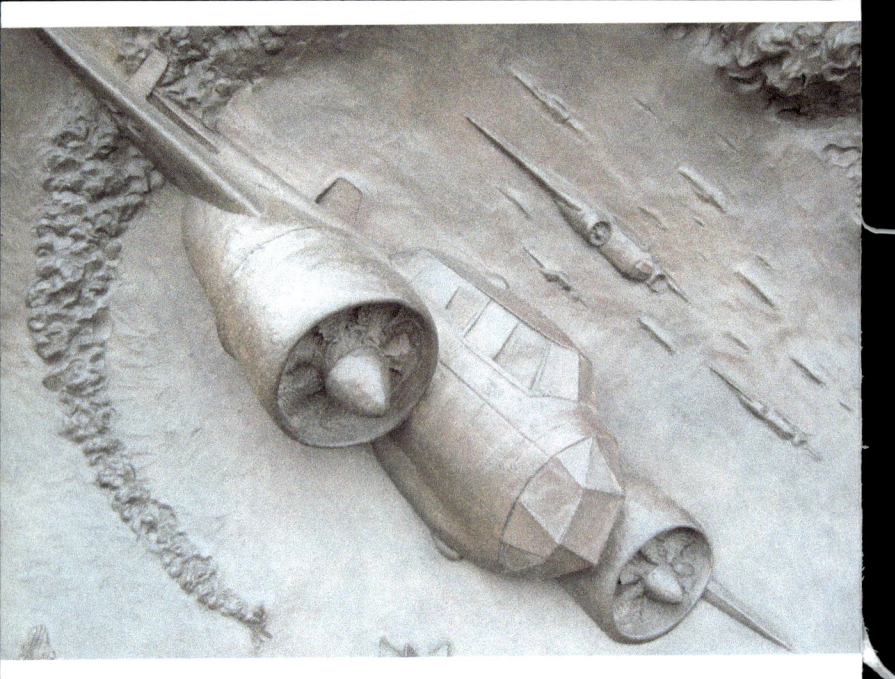

Above: 2. The Dornier 17 'Flying Pencil' bomber.
Previous page: 1. RAF roundel and Luftwaffe cross as they appeared on the fuselages of their respective aircraft.

This edition first published 2015

Amberley Publishing
The Hill, Stroud,
Gloucestershire, GL5 4EP
www.amberley-books.com

Copyright © Hannah Holman, 2015

The right of Hannah Holman to be identified as the Author of this work has been asserted in accordance with the Copyrights, Designs and Patents Act 1988.

ISBN 978 1 4456 4468 4 (print)
ISBN 978 1 4456 4474 5 (ebook)

All rights reserved. No part of this book may be reprinted or reproduced or utilised in any form or by any electronic, mechanical or other means, now known or hereafter invented, including photocopying and recording, or in any information storage or retrieval system, without the permission in writing from the Publishers.

British Library Cataloguing in Publication Data.
A catalogue record for this book is available from the British Library.

Typesetting by Amberley Publishing.
Printed in Great Britain.

CONTENTS

	Glossary	4
1	1940 Training & First Flight in a Spitfire	7
2	Joining 64 Squadron to Fly Spitfires	19
3	Into Action in the Battle of Britain, Kent, August 1940	30
4	A Week Fighting in the Battle of Britain	47
5	Shot Down	61
6	Recovery from Injury & Return to 64 Squadron	68
7	First Kill	79
	About the Editor	92
	Editor's Note & Acknowledgements	92
	List of Illustrations	93

3. Hurricane pilots from 249 Squadron RAF North Weald (11 Group), 21 September 1940.

GLOSSARY

Astern Behind or towards the rear of an aircraft.

Bandits Enemy aircraft.

Blitzkrieg German for 'lightning war', a method of warfare typified by the Nazis in 1939 and 1940 as they stormed through Europe, whereby an attacking force is spearheaded by a dense concentration of armoured and mechanised infantry formations, and heavily backed up by close air support.

Control The control or controller was the ground-based officer who (together with a team of support staff) gathered up intelligence from the radar station and the observer corps reports on where and how high formations of enemy aircraft were in the skies approaching Britain and predicted where they were heading. They relayed instructions via the R/T to the fighter pilots in the air, directing them to where the formations of enemy aircraft could be found and attacked.

11 Group See 'Fighter Command'. The group responsible for the defence of south-east England and London, the principal battlefield of the Battle of Britain.

Fighter Command The RAF organisation commanded by Hugh Dowding that ran RAF's fighter squadrons. Its headquarters was at Bentley Priory, at Stanmore, Middlesex. It was subdivided into four groups, each responsible for the aerial defence of a

Glossary

Flight A military grouping of six aircraft. An RAF fighter squadron is usually split into two 'flights', A and B. They are commanded by a flight lieutenant. A flight is usually split into 'sections' of three aircraft each, named after a colour.

Hun/Jerry/Boche Contemporary slang for Germans.

Mae West Slang for the pneumatic life jackets worn by fighter pilots in the event of having to bail out over the Channel. Mae West was a big-busted film star of the 1930s. It was an appropriate name when you see what they do to a pilot's contours.

Readiness There were various levels of 'readiness'. Essentially it was how ready a pilot had to be to jump in his fighter and take off. 'Readiness' meant to be able to take off within three minutes; 'stand-by' meant sitting in the cockpit ready to start the engine and go; 'available' meant able to take off within fifteen minutes.

R/T Radio telephone, used by pilots to communicate with their fellow pilots and ground staff.

Section See 'flight'.

Squadron A military unit in an air force comprising a number of aircraft, its aircrew and support staff. In the RAF in 1940 a fighter squadron was made up of twelve to eighteen aircraft. At the beginning of the Battle of Britain, Fighter Command had forty-four squadrons of Hurricanes and Spitfires.

Tally-ho Originated as a call in fox hunting when a rider sees a fox; it was a term used by fighter pilots over their R/T to let their fellow pilots know that they were going into attack.

4. Spitfires in flight over Kent, July 1940.

1

1940 TRAINING & FIRST FLIGHT IN A SPITFIRE

My school was one of many such that are known as 'Operational Training Units'. At these places newly trained pilots are given their final brushing up and actual experience in flying the latest fighter planes under the guidance of experienced fighter pilots who teach them the newest tactics. In addition, experienced pilots who have been doing other kinds of flying and want to become fighter pilots, as well as pilots from other air forces, receive the same training in order to learn British fighting tactics and the behaviour of fighting planes. There were many Polish pilots and a few Belgians at this place undergoing training.

The visiting pilots who come here are not welcome, and everything is done to hide the aerodrome from them. Hangars, shops, offices and even driveways and roads are camouflaged, as well as vehicles themselves. All are painted in crazy wavy combinations of dull greens, greys, browns and black, so designed that at great altitudes the aerodrome merges in with the countryside and can scarcely be seen.

Most impressive of all to me was the grim, dull colouring of the airplanes themselves. They were painted dull green and brown in the wavy pattern, except the undersides, which were grey. Concession is made even in the national markings, which for British planes consist of a red bull's eye surrounded by concentric

5. Aerodrome with camouflaged hangers, 1940 period illustration. *Opposite page:* 6. Spitfire in flight, 1940s period illustration.

white and blue rings. On the top side of the wings this is altered by omitting the white ring, because that is too conspicuous from above, so there is just a larger red bull's eye and a wider blue ring around it. The Spitfire fighting planes have a peculiarly shaped wing, very wide and tapered in such a way that it resembles the wings of some moths. The round, red-and-blue marking near each tip enhances this resemblance so much that the planes themselves look like giant moths from above.

The entire aerodrome bristled with sandbags, trenches, dugouts, and machine-gun and anti-aircraft emplacements.

A building known as the 'officers' mess' is provided for officers at aerodromes and other military stations in England. This usually contains a dining room, bar, billiard room, and a large, comfortable lounge. Here the officers spend most of their leisure time, and the officers' mess is a large part of their life. The building may or may not contain quarters for the officers as well. At this station it did not, and we roomed in other buildings. Each officer has the services of a 'batman', or valet, who takes care of his room, makes his bed, presses his uniform, polishes his buttons, wakens him in the morning and in general makes himself useful. This was all quite strange to me, and I went to bed pondering on the many strange things I must get used to in fighting the Huns.

Next morning I was assigned to a 'flight' of several pilots who arrived for training at the same time I did, and I reported to my flight commander's office. While waiting to see him I read a notice on the wall advising students to take their training here seriously.

I still remember the closing words: '... for in all probability this is the last training you will receive before being committed to combat with the enemy.'

It gave me a little thrill. I was getting close to realities.

An instructor took me up in an American-built military plane, a North American, which is a type widely used for advanced training here, and I did a couple of landings for him. He seemed satisfied and assigned me to a single-seat advanced trainer of English make and gave me some practice work to do in it.

I had never flown anything that cruised faster than 110 miles per hour. This machine cruised at 180; and I thought it more wonderful than anything I'd ever imagined. I practised in it for a few days and then was told I might go on to flying Spitfires.

This was the very height of my hopes. Of all England's superb fighting planes, the Supermarine Spitfires are generally considered masters of them all and the world's deadliest fighters. The pilots assigned to fly them consider themselves the luckiest of pilots. They are single-seat, low-wing monoplanes (an aircraft with one set of wings as opposed to the two of pre-Second World War biplanes). The engines are twelve-cylinder Rolls-Royce of about 1050 horsepower with an 'emergency boost' giving them nearly 1400 horsepower for actual combat. Each has eight machine guns, mounted in the wings. All the guns point forward and are fired by a single button on the top of the pilot's control stick. The Spitfires, together with the Hawker Hurricanes which are contemporary fighters also carrying eight guns, are often called 'flying machine-gun nests'. The cruising speed of a Spitfire is nearly 300 miles per hour and the top speed nearly 400.

To myself, who had been instructing for the last year and a half in trainers of 40 horsepower that cruised at 60 miles per hour, this was such a change that there just didn't seem to be any connection with my former flying. The first time I took a Spitfire up, I felt more like a passenger than a pilot. However, I began to get used to the speed after a few hours. I practised acrobatics mainly at first, to get familiar with the behaviour of the airplanes. In doing this I got my initiation to a new factor, which limits a pilot's ability to manoeuvre at high speeds. This factor is known as the 'blackout' – no connection with the blackout of cities at night.

If you swing a pail of water over your head the water will stay in the pail even when it is upside down, because centrifugal force pushes it against the bottom of the pail. Similarly, if an airplane is turned or looped quickly the centrifugal force tends to push the blood in the pilot's body downward, toward the bottom of the plane and away from his head. In ordinary airplanes this doesn't matter because his heart keeps pumping the blood right back up to his head. But modern fighter planes are so fast that it is quite easy in a turn or loop for the centrifugal force to drain the blood from the pilot's head. When this happens his brain stops working. At 300 miles per hour only a few degrees of change in direction per second is enough to cause a pilot to 'black out'. A pilot's physical strength in resisting blackout is what determines the rate at which he can turn at high speeds, but it is impossible for any pilot to turn very quickly at 300 miles per hour or more.

Strangely, when one starts to blackout in a turn or loop his eyes fail before his brain. My first experience in blacking out occurred the first time I tried to loop in a Spitfire. I was cruising along at about 280 and drew the control stick back about an inch, rather abruptly, to start my loop. Instantly the airplane surged upward in response, so hard that I was jammed down in

7. Hurricane, August 1940.

the seat, feeling terribly heavy, feeling my cheeks sag downward and my mouth sag open from the centrifugal force on my lower jaw, and a misty, yellowish-grey curtain closed off my vision! I eased the stick forward again to stop the change in direction and my sight came back instantly. I saw that I had raised the nose of the plane only a few degrees.

This loss of vision is the warning a pilot receives. If he continues to turn or loop that hard he will lose consciousness in a few seconds. In looping I found that I had to ease the nose up ever so slowly at first until the speed had dropped to around 200, after which I could pull the plane around quite fast without blacking out.

It's an uncanny thing. In combat you may be circling to get your guns to bear on the enemy. He is circling, too, but you have almost caught up with him. He is just outside of your gunsights; and if you could only pull your plane around a few extra degrees, all at once, you would have him in your sights and be able to open fire. But you can't do that. You can turn just-so-fast and that is all, for if you turn any faster your vision fades and you can't see either him or your sights!

A pilot can increase his resistance to 'blackout' by practice in doing lots of tight turns at high speed. He learns to contract the muscles of his abdomen and take deep breaths and hold them while he's turning, because that leaves less room for the blood to drain to down in his body. In this way physical strength often enters modern air fighting. The pilot who can resist blackout best is the one who can manoeuvre fastest at speeds much above 200.

Leaning forward also helps, because then one's head isn't as high above his heart, and so his heart can pump the blood up to his head easier. I have some very vivid recollections of moments in combat when trying to throw an enemy 'off my tail' (in other words from directly behind me, which is the best position to shoot from) when I was leaning forward as far as my straps would permit, taking big gasps of air and holding them, and tensing my body muscles in the desperation one feels when his life is at stake, trying to fight off that damnable misty curtain from my eyes while fairly hauling my plane around in the most sickening turns. It invariably worked, too, and when I 'came up for air' after a few seconds and looked around I usually found that my enemy had lost his advantage and it was my turn to take the offensive.

There was an English boy named Peter (Pilot Officer Peter Kennard-Davis), a big, dark-haired, husky fellow, who started this training course the same time I did. We took to each other as soon as we met, and became very close pals. He had been in the Navy at sixteen, and at twenty he was bronzed and hardened and looked and acted several years older. We practised nearly all our flying together and with a squadron leader who was also taking the course.

We did a lot of 'dogfighting' practice. We would take off together, Peter and I, and climb to ten or fifteen thousand feet. Then we would separate and fly in opposite directions for a few seconds, so that we could turn around and fly back toward each other. Then when we'd meet we'd engage in vicious mock combats – turning, twisting, rolling, climbing and diving to get into firing position on each other. When one of us succeeded in getting the other in his gunsights he pressed with his thumb on the guard over the firing button on his machine, sending salvo after salvo of imaginary bullets after his pal. This guard over the firing button was just a temporary affair, to keep the pilot from accidentally pressing the button itself when he didn't want to use the guns; and across it were painted in red letters the words 'GUNS LOADED'.

I became well acquainted with some of the Poles who were training here. They were a fine bunch of fellows. Most of them had fought the Hun over Poland and again in France. Now they were being prepared to fight with the Royal Air Force. They were cheerful, happy-go-lucky fellows – except when the subject of Nazis was brought up. Then you saw evidence of the terrible hatred for the dogs who had ravaged their homeland and their people.

On one occasion one of the English boys, joking, chided one of the Polish boys, saying that he was supposed to love his enemies. It didn't anger the other because he knew it was a jest; but he replied with a pitiful attempt to smile and keep his voice light, 'Would you love your enemies when they kill your mother and sister?'

Days passed, and we began to develop a polish in our handling of the Spitfires.

I had just come out of the officers' mess from dinner one noon when the local air-raid sirens sounded. It was the first air-raid warning I had ever heard.

It was a cloudy day, there being a high, dark overcast that covered the sky. Lower down there were a lot of scattered thick clouds, and looking between these I could see, very high up, a long, curving trail of smoke across the sky. I asked some of the boys who were watching what it was, and one of them said, 'It must have been a Jerry made that. See, there's some Spitfires going up after him.'

I could see several Spitfires above the clouds, and as I knew that my flight commander was up on a training flight with some of the boys I wondered if theirs were the Spitfires I could see. I had never seen a German airplane, and I strained my eyes trying to see this one, but couldn't.

Suddenly above the sound of the several engines roaring up there we heard a distant *r-r-rat-a-tat-tat!* The engines kept on droning as the machines scurried about, and now the Spitfires were so high we couldn't see them either. They all seemed to be working north of the aerodrome.

All activity at the aerodrome had of course stopped when the air-raid warning sounded, but no one was in shelter. Everyone was outside trying to see the show. Now little black puffs of smoke began appearing here and there far up in the sky north of us, and a few seconds later we heard a succession of little noises like a feather duster being shaken outside a window – anti-aircraft shells exploding, I realised – the first time I had ever seen an attempt to take a human life. Then came a succession of heavy distant 'booms' – bombs exploding.

Now the planes seemed to be getting closer overhead again. Another, longer *r-r-rat-a-tat-tat!* reached our ears and every

8. Cockpit of a Spitfire, 1940.

one grew tense and breathless watching the sky. A long minute elapsed, and then:

'There he *is!*' The voice of one of the overwrought boys who called out almost ended in a scream; and then we saw it too. First there was just an indistinct swirling in the bottom mists of one of the clouds, and then it came clear. It was an enormous, strange-looking twin-engined airplane, and it was in a tailspin, nose down and gyrating round and round as it fell. It was the first time I had ever seen a big airplane in a tailspin, and I was spellbound.

'It's a Jerry, all right!' said an awed voice.

A tiny figure parted from it, fell a way, and then the white canopy of a parachute blossomed above it. Then another and another came clear, and their parachutes blossomed out.

The great machine kept spinning down and down, seeming slow and majestic even in this, its death dive. Almost unbelieving, I watched it make its last great corkscrewing revolution, just sweeping over the treetops of a nearby grove and disappearing behind them.

A moment later there was a heavy crash, and then everyone was running in the direction of the grove and the victorious Spitfires were diving and zooming and rolling over the spot and some of them went to circling around the descending parachutes with their unhappy occupants, like Indians doing a dance around trussed-up captives. The Polish boys who were watching with us were very angry because none of the Spitfire pilots shot the Nazis in their parachutes – Nazi pilots had machine-gunned many Polish pilots in their parachutes in the Polish campaign!

The machine was a Junkers 88 bomber. When the Spitfires took chase the pilot tried to get away, jettisoning his bombs in open country, but one of the Spitfires caught him anyway. It was the plane piloted by our flight commander; with his second burst of machine-gun fire he had dislodged one engine from the bomber so that it fell completely out of the airplane! The German pilot was then unable to control his unbalanced airplane and it went into the fatal tailspin. One other member of the crew bailed out in addition to the three we saw, but he wasn't as fortunate. They found his body in a woods. The ripcord by which he could have opened his parachute was severed by a bullet.

Above: 9. Remains of a Junkers Ju 88, shot down 13 August 1940.
Below: 10. A Ju 88 flying in formation, summer 1940.

2
JOINING 64 SQUADRON TO FLY SPITFIRES

Every day we wondered when the promised German invasion would start. This was the last of July and Hitler had promised to take over London by 15 August 1940. Peter and I hoped the invasion wouldn't start until we finished our training. The mass air raids had not yet begun on England, but there was a great deal of air fighting over the English Channel.

We had made our requests to be posted to a squadron near the Channel – the same squadron for both of us if possible. Those were the squadrons getting the action now, and if the invasion were launched it seemed likely that the Channel would be the hottest place then, too. We were spoiling for all the action we could get.

Peter and I reported as usual to our flight commander's office on the morning of the day before our training was scheduled to end.

'What shall we do this morning, sir?' I asked, meaning what flying should we do.

He looked at us a little oddly and then said, 'Nothing. You boys have been a little ahead of your schedule, and you've covered everything I can give you. The rest you'll have to learn – other ways!'

We knew what he meant by that. Our next instruction would be from our enemies!

'You boys can take the day off,' he added.

We saluted and went out. When we were outside, we turned to each other and shook hands, grinning. Peter said, 'Congratulations, war pilot!' We had arrived.

That afternoon we were informed, to our delight, that we had been posted to one of the squadrons close to the English Channel. We asked how close it was to the Channel and were told, 'From your advance base you can see the French coast on a clear day!'

We were given railway warrants and told to leave the next afternoon. I spent most of the rest of the day studying pictures of German fighting and bombing planes.

Next morning we packed. In the afternoon a large lorry left the airport for the railway station carrying a precious cargo. More than a score of newly trained fighter pilots rode in it, all bound for various squadrons. Over half were Poles and Belgians, eager for vengeance; most of them were to exact their vengeance on the Nazis soon.

We all took a train to London, where we separated on various lines for our destinations. There were plenty of handshakes and goodbyes.

After many well-wishes, Peter and I were alone waiting for the train that would take us on a branch line to our squadron's home base, an aerodrome near London: RAF Kenley, London, part of 11 Group of Fighter Command, which defended London and the south-east of England.

We arrived at our aerodrome late in the evening, and were fixed up with rooms in the officers' mess and told to report to our squadron leader of 64 Squadron in the morning. We met some of our new mates, who hadn't gone to bed yet. Conversation was all about the news they had just received from one of the oldest members of the squadron. He had been missing since a battle

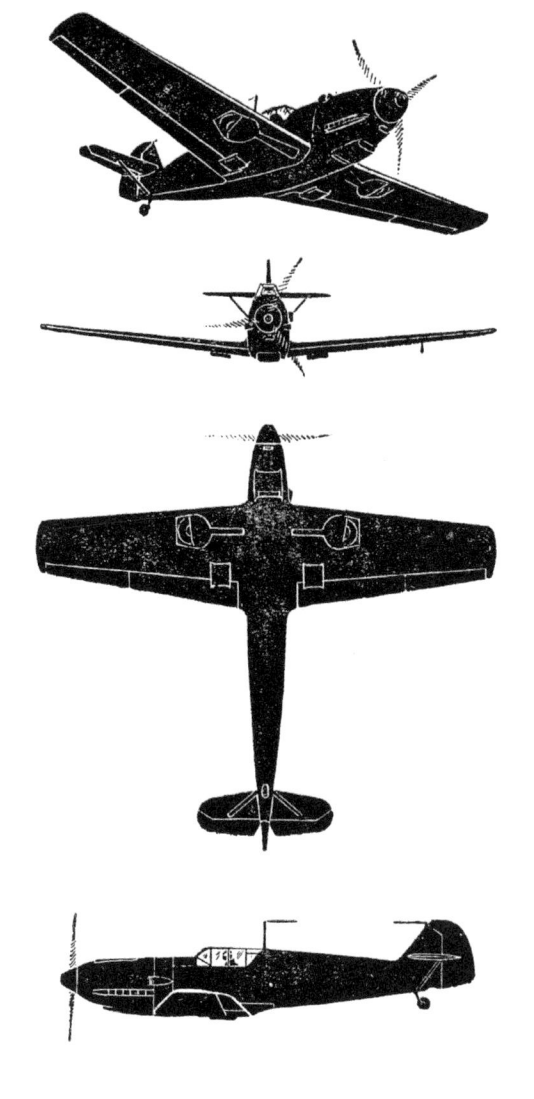

11. Messerschmitt Me 109 fighter from a 1940 British Ministry of Home Security aircraft recognition book.

over the Channel some time back, and had been counted as dead. Now they had received word that he was alive, a prisoner of war in a German hospital. They were jubilant over the news.

An elderly, thin-featured, dark-haired man in the uniform of a pilot officer introduced himself to us.

'My name's Arthur Fagan,' he said, speaking slowly and with a solemn tone that was contradicted by a twinkle in his eye, 'but everyone calls me "Number One". You see, I am Number One stooge of your squadron. You know stooges are people who don't fly, don't you? There are three of us officer stooges in the squadron. We're really very nice people, too. I hardly count myself. I'm just the intelligence officer, sort of a father-confessor to whom you are supposed to tell all the blows you've struck at your fellow men, the Huns, each time after you come back from shooting holes in them. You'll meet the other stooges in the morning. "Number Two" is the squadron's chief mechanic, and "Number Three" is the adjutant.'

We liked the man at once, and from the twinkle in his eye and the dry humour with which he spoke about himself and the rest we suspected that our squadron must be a good-natured bunch.

We were right. From commanding officer right down to the lowest ranks, they were all a cheerful, easy-natured, hard-working, happy-go-lucky group, an ideal bunch to work with or fight with or have fun with.

And as time went on I was to learn that the same was true of nearly all the boys and men in the RAF – good-natured, fun-loving, informal chaps, laughing in the face of tragedy because it did no good to cry, and fighting because their country is forced to, not because it's their trade or because they want to. No professional soldiers, most of these.

12. Richard Jones, fellow 64 Squadron pilot of Arthur sitting in his Spitfire in 1940.

13. The famous 'legless' Squadron Leader Douglas Bader with his fellow pilots, 1940.

Next morning, 4 August, we reported to our squadron leader and CO (Aeneas MacDonnelly). What follows will make him blush if he reads it, but I must describe him a little.

He is one of the most impressive personalities I have known. He is slender, with fine, wavy hair and moustache, and piercing blue eyes. I seldom remember the colour of a person's eyes, but I couldn't forget his. He is very witty in his speech, has a personal magnetism that lends an almost feminine beauty to one's impression of him, and he fairly radiates strength of character and will power. We liked him at once and felt great confidence in him.

He outlined to us the work that his squadron was doing and the tactics they used; and gave us advice from his experiences with the Huns. This was all done in matter-of-fact tones that initiated us to the detached, impersonal and unemotional attitude that fighter pilots quickly develop toward the taking – and losing – of human life.

He told us apologetically that it appeared to be a quiet time just now. There had been no fighting over the Channel for a week. We knew from the papers that, a week before, his squadron had played the main part in the biggest battle yet fought over the Channel.

He explained that the squadron spent most of its time at this aerodrome, its home base, and the pilots all lived here. But part of the time was also spent in shifts with other squadrons at the advance base, an aerodrome close to the Channel, from which the enemy planes could be intercepted more quickly when they came across.

He told us the type of German fighting plane encountered most frequently was the single-seat Messerschmitt 109 fighter, and he gave us some pointers on fighting them.

14. Me 109s in France, summer 1940.

Then there was the twin-engined Messerschmitt 110 to watch out for. It could be used either as a fighter or as a light bomber, but was considered easy meat by our fighters. The only danger lay in a surprise attack by one of them, because this type carried very heavy armament including two cannons, and if one of them got a good shot at you it would be bad. They weren't to be feared otherwise, though. 'You can shoot them down very easily,' he said.

There were three types of large bombers used by the Germans: the Dornier 17 (or almost identical 215), the Heinkel 111, and the Junkers 88. All these were twin-engined. And of course there was the Junkers 87 dive-bomber, more familiarly known

15. Me 110s in flight, summer 1940.

as the 'Stuka'. This was the type which terrorised the armies in France with mass attacks, dropping screaming bombs on them. This type was particularly easy meat for fighters and easiest of all to shoot down. It was an awkward-looking, slow, single-engined machine.

Our squadron leader said that up to this time the only raids had been on ship convoys in the Channel. 'But we have every reason to expect,' he added, 'that they will be sending bigger raids over to bomb our coastal cities and perhaps even London itself, as soon as they get their bases organised in France.'

That afternoon we were taken on a short patrol to familiarise us with our new territory, because the next morning the

16. Dornier 17 bombers flying in formation, summer 1940.

17. A Heinkel He 111 bomber being prepared for a raid, summer 1940.

Left: 18. Junkers Ju 87 'Stuka' dive-bombers, summer 1940.
Opposite page: 19. Battle of Britain pilot with helmet and unstrapped oxygen mask, July 1940.

squadron was scheduled to fly to its advance base at about eight o'clock. There we would put in a shift of several hours 'at readiness' – staying close to our machines ready to take off at a moment's notice.

I might explain here that most patrolling by fighter squadrons is done under the direction of a controller on the ground who gives the squadron orders by radio. Each plane has a radio receiver and transmitter, and the pilot keeps his receiver turned on all the time. He has headphones in his helmet and a microphone in the oxygen mask that fits over his nose and mouth.

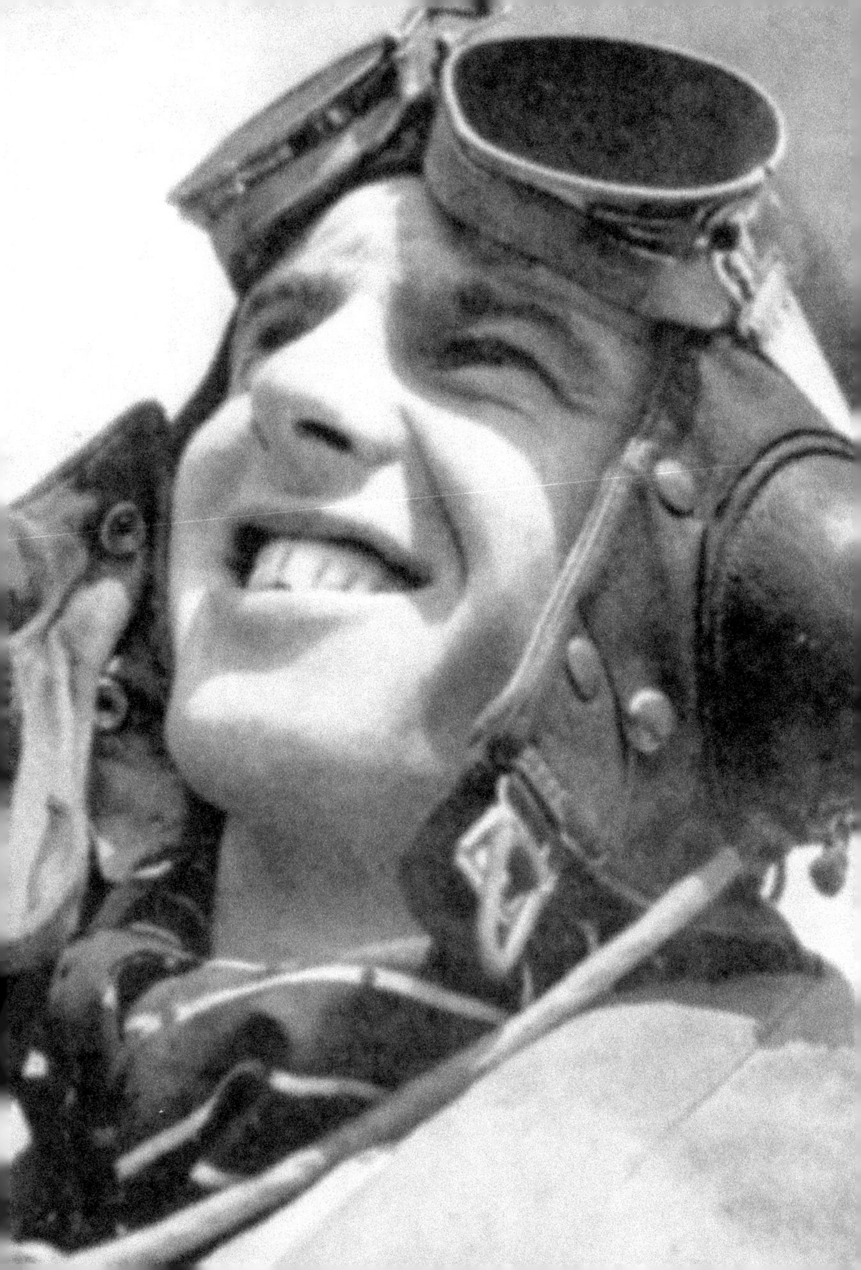

3
INTO ACTION IN THE BATTLE OF BRITAIN, KENT, AUGUST 1940

Our last instructions from our squadron leader before we left for our advance base the next morning were in regard to staying in formation any time the squadron was looking for the enemy.

'It's essential that the squadron stick together as a compact unit as long as possible, until the enemy is actually being engaged. So whenever we're on patrol, and especially when the scent is good and warm, stay in formation. Fly wide enough apart from your leader so that you won't be in danger of colliding with him, but don't lag behind if you can help it. If you see a Hun don't go after him until I give you the OK. And if we sight a bunch of them, stay in formation until I call out the "Tally-Ho!" Then you can break formation and pick your targets. And then,' he added, patting us both on the back, 'Heaven help your targets!'

We got our airplanes ready and put on our flying equipment. As it was warm, we didn't wear any flying suits over our uniforms, but we put on pneumatic life jackets that were issued to us. These are called 'Mae Wests' – quite appropriately, too, as you would agree if you could see what they do to a pilot's contours.

We took off in sections of three and assumed squadron formation over the aerodrome. An RAF fighter squadron consists of twelve planes normally, and we flew in sections of three, the leader in front with his section.

20. Pilot in 'Mae West', summer 1940.

It was a tremendous thrill for me to be aloft with a fighter squadron for the first time. We circled the aerodrome majestically and then swept out eastward toward our advance base on the sea coast. I was enjoying this, even though it was only supposed to be a little cross-country jaunt.

I heard the whine of a radio transmitter in my headphones, and then our squadron leader's voice.

'Hello, Control! Hello, Control! Tiger Leader calling. Are you receiving me? Are you receiving me? Over.' ('Tiger' was the call name of our squadron.)

There was another transmitter whir, more distant, and a cheery voice sang out, 'Hallo-o, Tiger Leader, Tiger Leader! Control answering you. Control answering. Receiving you loud and clear, loud and clear. Are you receiving me, please? Are you receiving me? Control over to Tiger Leader.'

Another whir and our leader's voice answered again. 'Hello, Control. Hello, Control. Tiger Leader answering. Yes, receiving you loud and clear also. Loud and clear. All Tiger aircraft are now airborne. We are now airborne. Tiger Leader over to Control, listening out.'

Control called once more to acknowledge this message, and then there was radio silence as we roared onward. We had to cover about seventy miles, which would take about fifteen minutes. It was a clear morning, and I idly wondered if we should be able to see the French coast that day. If so I should be seeing France for the first time. Also it would be my first view of enemy country, for that was German-occupied France.

Perhaps seven or eight minutes had elapsed when Control called us again. There was the transmitter's whine and a voice calling Tiger Leader and asking if he was receiving him. Then Tiger Leader's answer that he was 'receiving you loud and clear'.

Then the voice from Control again, this time slower, and with careful enunciation: 'All Tiger aircraft, patrol Dover at ten thousand feet; patrol Dover at ten thousand feet.'

Our leader immediately opened his throttle and put his plane in a steep climb, at the same time altering his course in the direction of Dover. We of course did likewise to stay in formation with him.

I wondered what it meant. Had something been seen there, or were they expecting an attack? It still didn't seem possible that I actually might see an enemy. Planes with black crosses and swastikas still didn't seem to exist in reality to me, in spite of the one I had seen spin in at our training base. Somehow that one,

21. Me 109s flying low over the White Cliffs of Dover, summer 1940.

a great broken thing lying on the hillside after it crashed, didn't seem real to me in memory. It still didn't seem possible that I should actually see airplanes with black crosses in the air, whose pilots would be trying to kill me, and I them.

In less time than it takes to tell, our altimeters were registering ten thousand feet and we were racing level. The coast was visible now, not far ahead, with the waters of the English Channel beyond. I guessed that we were nearly over Dover.

Another command came through from Control. 'Climb to fifteen thousand feet.' And then the message that electrified me: 'There are bandits [enemies] approaching from the north!'

My pulses pounded, and my thoughts raced. This was *it!*

In quick response to this information, our leader sang out a command: 'All Tiger aircraft, full throttle! Full throttle!'

That meant to use the emergency throttle that gave extra power to our engines.

I was flying in our leader's section, on his left. As he gave the command 'Full throttle', his plane started to draw ahead, away from me. I pushed in my emergency throttle lever in response to the command, the first time I had ever used it, and my engine fairly screamed with new power. I felt my plane speeding up like a high-spirited horse that has been spurred.

Our leader now led us upward in a steeper climb than I had ever dreamed an airplane could perform. Trembling with excitement, trying to realise that this was actually happening and I wasn't dreaming, I pulled the guard off my firing button. For the first time in my life I was preparing to kill! The button was painted red, and it looked strangely grim now that it was uncovered. I turned its safety ring, which surrounded it, from the position which read 'SAFE' to the position which read 'FIRE.'

Then I switched on the electric gunsight. This projects an orange light in the image of a machine-gun sight upon a glass in the middle of the windshield. It's more accurate than mechanical sights.

We were going forward and upward at terrific speed, and reached fifteen thousand feet shortly. A new command came over our radio receivers: 'Steer one-three-zero and climb to twenty thousand feet.'

We obeyed, every pilot now watching above and below and on all sides, the sections of the squadron closing in more tightly and the rearguard pilots wheeling in swift vertical banks one way, then the other, to watch against any surprise.

Our course led us out over the middle of the Channel, and the coast of France was plainly visible – answering one of my hopes. I was getting my first view of France, and enemy France at that.

I was using oxygen now, controlled by a little valve on my instrument panel that released it into a hose connected to the mask that covered my nose and mouth. Oxygen is necessary at high altitude to keep your mind working keenly and to keep you from getting tired and weak. Pilots who don't use it at high altitude tire out quickly, and their minds become sluggish. Also they are apt to faint without warning.

More orders followed. New courses to steer. New altitudes at which to fly.

'Circle your present position.'

'Watch to the left.'

'Believe the enemy is now heading south and passing behind you.'

Such orders as these interspersed the radio silences and kept us busy and on our toes while we hunted about for perhaps half an hour. I was in a sweat trying to look in every direction and still keep my place in formation. Our leader led us about like a group of charging cavalry.

We were at about twenty thousand feet altitude and a few miles north of Calais on the French coast, and doing a sweeping left turn. Looking in the rear vision mirror above my windshield I saw what looked like a little blazing torch falling in the sky behind me. For that instant I didn't realise that the first shots of battle had been fired, and I had to put my attention again on our leader's plane, to keep my place in formation with him.

I was flying on his left, and that meant I had to look to the right to see him; and out of the corner of my eye I noticed far below and beyond him the distant shape of another airplane heading for France. I hated to call out, in case it didn't mean anything, but it didn't seem reasonable that a British plane would be out here alone, heading in that direction. Also it seemed to be coloured blue-grey on top, and I was quite sure no British planes were coloured like that. It was too far away for me to make out its markings or even its design. Hesitating to call out, I looked at our squadron leader, to see if he had noticed it.

I saw that he hadn't, for he was looking the other way, to our left, where several distant black dots were visible in the air at about our level. And as I watched him I heard his transmitter whine and his voice sing out the Royal Air Force battle cry:

'Tal-l-ly-ho-o!'

As he sang it he swung his airplane over viciously into a wild vertical turn and laid out for the black dots on the left, which had now grown into airplanes; still little and distant but headed toward us. There weren't very many of them, and the entire squadron was breaking formation and wheeling toward them like a bunch of wild Indians.

I remembered the one I had seen heading the other way and our squadron leader's words that we might pick our own targets after the 'Tally-ho' is given; and a second later I was peeling away from the squadron and down in pursuit of the lone machine which I had decided should be my target.

I went down in a screaming dive, pushing everything forward – throttle, emergency throttle, propeller control and all. The other had a good start, but I had the advantage of several thousand feet more altitude, and was gaining speed by diving. The wind shrieked against my windshield and the Rolls-Royce engine bellowed, while the air-speed indicator needle moved steadily around its dial and on up past the 400 miles per hour mark.

22. Heinkel He 111s in formation on a raid, summer 1940.

The Spitfire grew rigid in its course as if it were following a groove. The controls became terribly stiff, and I couldn't move the stick a quarter of an inch in any direction. It was hard to level out from the dive when I got down near the other's altitude. I had to pull out very gently to keep from blacking out too much. The misty curtain kept closing down in front of my eyes as I pulled the nose of my plane up, and I leaned forward and tensed my muscles to resist it. I was still a way behind the other when I got down to his level, but I was gaining on him fast, because of the extra speed I had from my dive.

I was holding my thumb over the firing button now and keeping my eyes glued to the little silhouette ahead, except for an occasional glance at the rear-vision mirror to see that I wasn't being chased too. I imagine my heart was doing about 1500 rpm, from the pounding I felt.

The other machine grew steadily larger in the circle of my gunsight as I drew closer. I could tell its distance by the amount of space it covered in the sight: six hundred yards, five hundred, four hundred – my speed was dying down a little, and I wasn't gaining quite as fast. He apparently was going wide open too.

Now I was only three hundred yards behind – close enough to open fire, but something made me hesitate. From directly behind, where I was now, it was hard to identify its type. Suppose it was a British machine after all?

To make sure I eased my machine upward just a little so I could look down on the other and see the upper side of it. The old feeling that airplanes with black crosses and swastikas on their wings and sides couldn't exist in reality still had hold of me; but it was banished forever by what I now saw.

For I could see that the other machine's wings were not curved, with nicely rounded tips, like a Spitfire's; and it was not camouflaged green and tan; and there were no red and blue circles near the tips. Instead, the wings were narrow, stiff-looking, with blunt, square-cut tips. They were pale blue-grey in colour, and near each tip, very vivid, was painted a simple black 'plus' sign!

I knew from pictures that it must be a Messerschmitt 109, and I dropped back into firing position behind it. My sights cantered on it, and I squeezed the firing button with my thumb. *B-r-r-rup-pup-u-pup!* The sound came to me muffled by my heavy helmet; but it was a venomous sound, and I could feel the Spitfire shudder and slow from the recoil as the eight Browning guns snarled and barked their terrific fast staccato. I held the button in for about a full one-second burst – about one hundred and sixty bullets.

23. 1940 illustration of a Spitfire attacking an Me 109 in the Battle of Britain.

Then my plane bounced sideways as it encountered the turbulent slipstream of the other, and I lost sight of him for a second. He must have gone into a diving turn just then, for when I spotted him again a few seconds later he was far below. Mentally cursing my carelessness or dumbness, I rolled over and went down after him again; and while I was overtaking him I reflected that for the first time I had tried to take the life of another man. It didn't bother my conscience.

I caught up with him just over Cape Gris Nez on the French coast, and that was how I entered France for the first time! As I drew close he abandoned flight and turned to face me like a cornered animal; but I was too close behind him now, and I simply followed him in the turn, cutting it shorter than he could and crowding in on him.

I knew I was outmanoeuvring him, and felt I had him now. He was almost in the circle of my gunsights. This time I'd keep him there!

Powp!

It sounded exactly as if someone had blown up a big paper sack and burst it behind my ears; and it shook the plane and was followed by a noise like hail on a tin roof.

I realized that I had been hit somewhere behind me in my machine by a second Hun, and guessed that it was an exploding cannon shell that made the noise. Most German fighters are equipped with cannon as well as machine guns.

I put all the strength I could muster on my controls to whip my machine into a turn in the opposite direction, then saw that I'd wasted the effort. My new attacker had already flashed by below and ahead, and I now saw him wheeling to come back, his black crosses vivid on top of his wings as he appeared spread-eagled in a vertical turn. The square-cut wing tips of his Messerschmitt looked crude but grim.

He must have dived on me and fired a shot as he went down past. I reflected a little grimly that a new 'first' had occurred for me – for the first time another man had tried to take my life!

It's hard to recall details of the ensuing combat, but I know it was pretty wild. I made lots of blunders. It was terribly hard for me in my inexperience to try to get an advantage on one of my enemies, so I could open fire, without the other popping up immediately in firing position behind me. The three of us scrambled about in a terrible melee, climbing, diving, rolling and pirouetting in screaming vertical turns to get at each other.

A combat such as this is well called a 'dog fight'. One moment I would be manoeuvring for my life to get away from one who was almost on my tail, and in the next moment I would have one of them in the same kind of spot and would be trying just as desperately to hold him long enough to get a shot.

And sometimes when I got separated from both of them a moment I would see bright flashes and puffs of white or black smoke in the air near me – shells from German anti-aircraft guns. The batteries on the coast below had joined the fight and were shooting at me whenever they got a chance to do so without hitting their own machines.

This went on for several minutes, before I finally managed to get one of them all by himself away from the other for a few seconds. I was in a beautiful firing position right on his tail.

A set of four long vibrating snaky white fingers reached across my right wing from behind and stretched far ahead. They were about an inch thick and made of white smoke and pulsated with bright molten-looking objects streaking through them. I knew they were tracers – the trails of smoke left by bullets to mark their course. Chemicals coated on the bullets do it. They show the pilot where his bullets are going. In this case they showed me too, and I knew I was being fired at by the other German pilot from behind. I panicked and rolled into a turn so violent that my machine shuddered terribly and slipped over into a tailspin – at more than 200 miles per hour! It must have made me look like an amateur, but it shook off my attacker.

The melee continued. I was terribly hot and tired and sweaty, and was conscious of that more than of being scared. I wished I could rest. The bright sun beat down hotly through the transparent hatch over my cockpit. My clothes were heavy and I was hampered by my parachute straps and seat harness straps as I twisted about in the cockpit trying to see above, below, behind and to the sides to keep track of my playmates.

During those next few minutes I think I must have blacked out at least twenty times in turns. I remember starting to spin at least once from turning too violently. I wanted to flee but couldn't get my directions straight because I was manoeuvring so fast. My compass couldn't help me unless I'd give it a chance to settle down. It was spinning like a top.

Finally I noticed across the water, in the distance, a ribbon of white lining the horizon, and I remembered reading years ago in my geography book about the 'white cliffs of Dover'. Just then that looked like the promised land.

One of my enemies was heading the other way. I made a pass at the second and he headed in the opposite direction from Dover, too, and I turned out across the sea and homeward. It was an ignominious way to end a fight which had begun with such promise, but I thought it was the wisest. My enemies took after me, but when they drew close I turned around as if to go after them and they turned back. They were apparently willing to call it a draw, and I didn't feel quite so badly after that.

On landing I taxied to one end of the field, where I saw the rest of my squadron's planes, already down. I was flagged into place, and mechanics and armourers swarmed over my Spitfire. Some jerked off the removable metal covers above and below the machine guns in the wings while others ran up with belts of ammunition and began to refill the guns. A gasoline truck roared up and stopped in front of the plane, and they began refilling the tanks. In a few minutes my machine would be completely checked, refuelled and refilled with ammunition.

24. A Hurricane fighter being refuelled and rearmed, July 1940.

My squadron mates crowded around to hear my story. All but one of them were down now, and they had already heard one another's stories. I told them mine as well as I could remember, and had to admit regretfully that I had come away without bringing down either of my enemies.

We examined my plane, and it was easy to see that it had been struck by an exploding cannon shell, as I had thought. The shell had blown a fairly large hole in one side of the fuselage just behind the cockpit, in the lower part of the red-white-and-blue insignia. It would have been a bull's eye if it had been a foot higher.

The control cables, which ran close by where the shell had hit, were in bad shape. In addition to the trimming control

25. A badly shot-up Hurricane, August 1940.

cables being broken, the main elevator and rudder cables were also nearly severed by the blast. The bottom of the plane was littered with bits of light shrapnel from the shell and there were a myriad small holes in the other side of the fuselage from the shell hole, where pieces of shrapnel had gone out. The shrapnel must have made the noise 'like hail on a tin roof' that I had heard after the explosion. My machine truly carried an 'after the battle' appearance. It would have to have a new fuselage installed.

I heard the story of the rest of the squadron. They had charged into the formation of Messerschmitts that they were heading for when I left them, and had shot down two for sure. There were also two other 'probables' which they had seen going down but which they couldn't claim definitely because they weren't seen to hit the sea. One of the boys had damaged still another – had seen pieces fly off it when he fired.

This is one of three categories into which RAF successes are divided. The other two are 'probably destroyed' and 'confirmed victories' (definitely destroyed). Only the number of confirmed victories is given out in the report of enemy aircraft destroyed.

The score for the squadron that morning was two confirmed, two probables and two damaged.

None of our planes that were back was even hit except mine; but one had not returned yet and the outlook grew bad. Two of the boys remembered seeing what looked like a Spitfire going down in flames in the distance behind the squadron at the start of the battle. This boy who was missing was one of the 'rear guard' pilots, protecting the rear of the squadron. I also remembered the glimpse I had in my mirror at that time, of something that looked like a torch falling in the distance behind us. When no trace could be found of him and it was learned that no other British planes were missing, we knew he must have been the pilot. There were a lot of Messerschmitts about that morning, and it was pretty evident what had happened.

He must have seen some Messerschmitts coming up to attack the squadron from behind, had turned back and engaged them, and thus, fighting alone to protect his mates, he had gone out in a blaze of glory. Our squadron leader paid him a simple but meaningful tribute that we wished he could have heard.

'I noticed,' he said, 'that we *weren't* attacked from the rear.'

I sought out Peter, and we lay on the grass near our machines and basked in the warm sunshine. There were a lot of scratches on my flying boots from shrapnel, and we found a little piece embedded in one of them.

I felt strangely tired and lazy, not realising that this was my initiation to a strange feeling of exhaustion with which I was to get better acquainted in the following days. I didn't want to sleep, but I didn't want to move, or talk, or fly or anything else either, just relax. It's a feeling that's always pervaded me after a fight or a nerve-racking patrol. As nearly as I can describe it, it is a sensation of being drained completely, in every part of your body, though I don't know what of. But you seem to want to just surrender to relaxation, sitting or lying inert and absorbing whatever it is back into your system. I've heard many other pilots say they get the same feeling.

Peter asked, 'Will you do me a favour, Chum?'

'Sure. What is it?'

'Let me have your notebook for a minute and I'll tell you.'

I gave him the little memorandum book which I always carry, opening it to a blank page. He wrote a girl's name and telephone number in it.

'If anything happens to me,' he said, 'will you telephone this number and tell her the story? And then–' He paused, and indicated the silver identification wristlet which he wore on his left wrist. It had a little nameplate, and also little charms of some sort strung on it. 'If it's possible,' he finished, 'I'd like to have you see that she gets this.'

'OK,' I said lightly, 'and let's hope that I never have to do that for you.'

4
A WEEK FIGHTING IN THE BATTLE OF BRITAIN

My machine was U-S (unserviceable) now, because the fuselage was ruined, so I couldn't fly back to our home aerodrome with the rest of the squadron when our shift was over at noon. However, the squadron had a little two-seat training plane for the use of the pilots, and after the boys flew home one of them came back in this machine and picked me up, and I had a nice ride home.

In the afternoon I visited 'Number One', our intelligence officer, in his office and made out my first combat report. After I finished I spent some time in his office, studying models of various types of German bombers which showed their gun positions and the arcs of fire of the guns.

Next morning when we were collected in our pilots' hut, Number One visited us and passed around some mimeographed papers to us, saying, 'Here's the latest intelligence dope for you boys to look over when you have time.'

Tuesday and Wednesday were quiet. Apparently the Boche aviators were staying home and 'licking their wounds' again.

We had plenty of leisure; and Peter and I visited the 'operations' room from which our orders came by radio while we were on the chase. It was an intriguing and interesting place. In the middle of a large room was a table several feet wide and long, on which was an enormous map of southern England, the English Channel, and northern France. Little wooden blocks were placed on it to represent planes and their positions, as well as ship convoys. As reports came in of new positions for planes or ships, girls standing around the table moved the blocks to the new positions. Enemy planes and ships were 'plotted' on this board in the same way as our own.

There was a gallery around the room, in which the control officers sat so that they could see the complete picture of the positions of their own and enemy planes and ships. All the time we were looking for the Nazis that morning our moves and those of the enemy were plotted about on this map. Our controller was able to see our relative positions on it at a glance; and on the

26. A Fighter Command operations room, 1940.

basis of what he saw in that room he ordered us about in the air far out over the Channel until we found the enemy!

Daily he played a deadly game of chess on that map, using the pilots as chessmen, with unseen controllers on the other side of the Channel who directed the movements of our enemies.

Thursday of that week, 8 August, was the beginning of the German mass air raids on this country. Of course we didn't know it that morning.

We had to fly to our advance base at dawn, and it was an unforgettably beautiful flight for me. It was just getting light when we took off, and the countryside was dim below us. Wicked blue flames flared back from the exhausts of all the engines as I looked at the planes in formation about me.

We seemed to hover motionless except for the slight upward or downward drift of one machine or another in relation to the rest, which seemed to lend a sort of pulsating life to the whole formation; and the dark carpet of the earth below steadily slid backward beneath us. The sun, just rising and very red and big and beautiful, made weird lights over the tops of our camouflaged wings.

We landed at our advance base, and saw our airplanes refuelled and ready to take off. It was a chilly morning, and most of us turned in under blankets on cots provided for us and hoped that the Huns slept late and wouldn't bother us until we had completed our night's sleep. We had gotten up at about 3 a.m.

It seemed like it would be another quiet day. Nothing happened until about 11 a.m. Then the telephone rang, and the call was for our squadron leader. When he finished speaking he turned to us with a little smile and said, 'Operations just called to tell us to be on our toes. There's a lot of activity on the other side, and they have a "fifty-plus" raid plotted, coming across farther down the coast. It may turn and head our way though.'

A 'fifty-plus' raid meant a group of fifty or more enemy airplanes!

In a few minutes the telephone rang again. The telephone orderly listened a moment and then turned to us and said, 'Squadron into your aircraft, and patrol base at ten thousand feet!'

Instantly we were on our feet and racing pell-mell out to our airplanes. An airman helped me on with my parachute. I climbed into the cockpit of my machine and, trembling with excitement, adjusted my straps and put on my helmet. Down the line of planes starters whined, and first one engine then another coughed to life. I pressed my own starter button and my engine joined the

27. Pilots 'scramble' to their Spitfires.

chorus. There was no 'warming up', no taxiing across the field to take off into the wind. Upwind, downwind or crosswind, we took off straight ahead. Better a difficult take-off than to give a deadly enemy a minute's extra advantage!

We roared off like a stampeding herd of buffalo, climbing steeply and wide open. Two thousand feet, four thousand – there were thick, fluffy clouds at five thousand, and we flashed up through their misty chasms, caverns, hills and valleys; and then they were dropping away below us and forming a snowy carpet for us to look down on. The sun shone brilliantly above. New orders came over the radio from our controller, much as on the previous chase. Sometimes we were over coastal cities, sometimes over the Channel, circling here, patrolling there, watching for the elusive enemy. I recalled the scene in the operations room and wondered if the girls plotting our positions were any less nonchalant now when there was a real chase on.

Nearly an hour passed without our seeing anything. One flight (six of our twelve planes) was ordered to land, and I guessed that the trail was getting cold. Peter and I were in the flight remaining on patrol.

We were about eight thousand feet up, the six of us patrolling over the Channel, and for a couple of minutes we had received no new orders. The sun was very hot, and I wished I hadn't worn my tunic.

Our only warning was the sudden whine of a transmitter and a voice shouting, 'BANDITS ASTERN!'

It was blood-chilling. Our squadron leader was quick on the trigger and led us in a violent turn, just in time. A myriad grey Messerschmitts were swarming down out of the sun, diving from above and behind and shooting as they came.

28. A Spitfire taking off, September 1940.

'Tal-l-ly–ho-o!'

Our leader's voice was steady and strong and reassuring and in that moment filled with all his personal magnetism and strength of character. It was reassuring in its calm call to battle, and caught up shattered nerves and self-control in each of us. He led us together down into the middle of the swarm of Huns, whose speed had carried them far down ahead of us and who were now wheeling back towards us as they came up out of their dives.

There seemed to be about thirty; it was probably a *gruppe* (German for a 'wing' of several squadrons) of twenty-seven, and they simply absorbed the six of us. We picked targets and went after them and were soon completely lost from each other. One Messerschmitt was coming up in a climbing turn ahead of me,

29. Three Spitfires emerge out of the blinding sun in a surprise attack on Me 110s, 1940s period illustration.

and allowing for its speed I aimed a burst of fire just ahead of its nose. I had no time to see if I hit it.

Another Messerschmitt coming head-on spat his four white tracers at me but they arced over my head. We seemed to be milling about like a swarm of great gnats in this giant eerie amphitheatre above the clouds. Sets of long, white tracers crisscrossed the air and hung all about, like Christmas decorations! They stay visible for several seconds after they're fired.

Something about the shape of the Messerschmitts reminded me of rats sailing about on their narrow, stiff-looking, square-tipped little wings. I think it's because of the shape of their noses, and the way their radiators are carried tucked up under their noses like the forefeet of a rat when he's running close to the floor.

30. A Spitfire pilot trying to avoid cannon shells fired from an Me 109 on his tail.

One came at me from the side, his guns blazing out their tracers and his cannon firing through a hole in the centre of his propeller, puffing blue smoke for all the world like a John Deere tractor! It wasn't a pretty sight. Two of the tracers erupted from guns on either side of its nose, at the top, and two from the wings. It looked like a hideous rat-shaped fountain spurting jets of water from its nostrils and mouth corners!

We meleed about for several minutes, the fight quickly spreading out over wide territory. I got short shots at several of our playmates, just firing whenever I saw something with black crosses in front of me and not having time to see the result.

Then one got on my tail and gave me a burst just as I saw him, and I laid over into a vertical turn; and as he did likewise, following me, I hauled my Spitfire around as tight as I could. We were going fast and I had to lean forward and hold my breath and fight to keep from blacking out, and I turned this way for several seconds. Then I eased my turn so that I could straighten up and look out of my cockpit, and I spotted the other in front of me. I had turned so much shorter than he could that I was almost around and on his tail now. He apparently became aware of it at the same time, for he abandoned his turn and took to flight; but he was a little late now.

He went into a dive, twisting about wildly to upset my aim as I opened fire. I pressed my firing button three or four times for bursts of about a second each, and then he quit twisting. I was able to hold the sight dead on him while I held the firing button in for a good three-second burst, and let it go at that.

I didn't think he needed any more, for I knew of only one reason for him to stop twisting. He disappeared into the clouds below, diving straight down, and although he might have gotten home he certainly wasn't headed right there.

Two more were following me down closely, and in pulling out of my dive I plunged momentarily through the clouds and then up out of them, turning to meet these two. The powder smoke from my guns smelled strong, and I felt good.

But my newest opponents failed me. As I zoomed up out of the clouds I saw them just disappearing into the clouds and heading homeward. Another diving out of nowhere took a snap shot at me as he went by and down into the clouds, also heading for home.

Recovering from the shock that gave me, I looked around and found no more planes of either nationality in view. I appeared

31. A Spitfire turning in flight, 1940.

to be in sole possession of this part of the battlefield. This was well out over the Channel and I knew I must be nearly out of ammunition, so I headed for shore and our advance base.

All but one of our planes were already down safely when I taxied into line on the ground. Peter was 'still adrift', I learned, and it gave me a little shock. There was still plenty of time for him to show up, though.

We compared notes. Others of the squadron had sent two Messerschmitts down in flames. I couldn't claim mine as a confirmed victory unless someone saw it hit the sea, because it wasn't in flames. We can claim a victory if the enemy is seen in flames or if the pilot jumps out in his parachute; but otherwise it must be seen by someone to hit the sea or ground. Mine went down quite a way out over the Channel (if it went down) and there wasn't much likelihood of its being seen.

We began to worry about Peter when he didn't show up after a reasonable time. One of our boys remembered seeing a parachute floating down during the fight, but didn't know whether or not it was a German. Our squadron leader got on the telephone to try to get news of him. Our shift at the advance base was over now and another squadron had arrived to relieve us. Our squadron leader sent us home and remained himself to try to locate Peter.

We were late for dinner when we got home, and it was warmed over and I suppose that was partly why I couldn't eat. But the main reason was Peter. The chances of good news were growing smaller each minute; but it finally came! Peter had been picked up, wounded but alive, and was already in a hospital. Later we got more details. He had several bullet wounds but none of them was serious in itself, and his only danger was shock and loss of blood. He was 'in wonderful spirits, cursing the Huns and spoiling for another go at them'! They thought that if he pulled through the first night he would be out of danger.

The world seemed brighter after that. I thought a lot of this big, tough, good-natured pal of mine.

It developed that our fight was only one of a series of battles all along the Channel. The mass raids had started, and the aerial 'Battle for Britain' was on!

The next day, Friday, we were scheduled to take the readiness shift at our advance base for the afternoon, from 1 p.m. until dark. In the morning we were just a reserve squadron. There was some activity in the morning but we weren't called out, and it quieted down about noon; looked as if it would be a quiet afternoon for us.

Our squadron leader decided not to go with us and had one of the flight commanders take over the squadron for the afternoon. He couldn't fly with us always, as the commanding officer of a squadron has lots of office work to do, and he wanted to catch up with his that day. He reassured us though: 'I'll keep in close touch with Operations and have a machine ready, and if anything big starts turning up I'll be blazing down there at "four pounds boost and twenty-six hundred rpm" to join you!'

There was some activity about mid-afternoon, and we were sent up on two patrols; but our squadron failed to make contact with the enemy. However, toward the end of the second patrol two of our boys were detached and sent to intercept two Messerschmitt 109s that were attacking the balloon barrage at Dover. They found the 109s and had a short, sharp dogfight among the balloons and low clouds and bursting anti-aircraft shells over the city. The Messerschmitts ran for it and got away in the clouds, but the boys thought they had damaged both of them.

Sergeant Pilot Jack Mann got a cannon shell in the wing of the Spitfire he was flying and was very worried about it because it was our squadron leader's regular machine. By that time the CO, as we usually called him, had arrived, carrying out his promise to come down if anything started to happen, and he forgave Mann for it, good-naturedly.

Then while we were getting refuelled the main battle of the afternoon was fought near us over the Channel, between other British squadrons and a large mass of Huns. We all stood on top of a bomb shelter trying to watch it. We could hear the roaring

32. WAAFs about to send a barrage balloon up into the sky above London.

of engines and machine guns, but it was too high and far away for us to see anything of it.

By the time we were refuelled and ready to go it was over, and there was nothing more for us to do until about eight o'clock in the evening, when we were given permission to take off and return to our home base.

The first thing I did when we got home was to telephone the hospital for news of Peter. It was encouraging. He was still holding his own and doing fine, and they thought he was practically out of danger. I wrote him a letter, cussing him out for lying around in bed when we had lots of work to do. The CO told me I could have the following Tuesday off to go and visit him. His hospital was quite a distance away.

We weren't scheduled to do readiness the next day (Saturday 10 August), although we were supposed to be available on the aerodrome in case something big came up and the squadrons that were on duty needed help. I got up rather late and learned from the station commander, who had already been in touch with the hospital, that Peter was still holding his own.

I was in our squadron office about midmorning when an orderly brought in a telegram for the adjutant. The adjutant looked at it and then handed it to me, and as I read it my mouth went dry and part of my world went crumbling.

It was from the hospital. Peter had had a relapse that morning and passed away.

Our CO went to visit Peter's parents that afternoon, so before he left I told him the request Peter had made of me about his wristlet and he said he would have it taken care of. The funeral was to be Tuesday morning, and I planned to attend.

5
SHOT DOWN

Monday 12 August was a pretty busy day.

We had one patrol in the latter part of the afternoon without making any interception; and while we were on the ground getting refuelled Operations telephoned and said there was a '450 plus' raid forming up over the French coast. I guess we were all feeling a little subdued when we got scrambled again a few minutes later. We knew that if we intercepted it we'd be fortunate if there was more than one other squadron at the most with us in the fight.

However, we were up only a short time when we intercepted a comparatively small formation of enemy fighters, perhaps twenty or thirty. The 'Tally-ho' went up and we got all split up. I saw a formation of three that were flying by themselves a short distance away from the rest, and they started going in a circle as I went in to attack, just following each other round and round. We meleed about a little, and I ended up by getting chased down into the clouds below us, and I lost track of them for the moment.

I was cruising along in a rift between the clouds when I saw above me and to the south-east more airplanes than I had ever seen at one time in my life. It was the '450 plus' raid coming across. It takes those big mass formations a long time to get organised. They have to circle around over one spot for a long time while the various groups of planes get into their places in the formation.

This raid was now organised and was halfway across the Channel.

I wasn't very high, perhaps seven thousand feet, and above me and to the south east at very high altitude the sky seemed to be filled with fighters. I could see their wings flashing high above, almost everywhere I looked. Farther south-east, not far off the French coast yet, the bombers were coming. I mistook them at first for an enormous black cloud.

I decided I had better get back to the advance base to rejoin the others, who would be collecting there after the fight we'd just had.

I had gone just a little way in the direction of our advance base, cruising along among the clouds, when right across in front of me flashed a 109 again, just skimming the tops of the clouds. I opened up throttle and emergency throttle and turned after it. I didn't think the pilot had seen me, because he was higher than I. I guessed that it was one of the three I had just engaged, and looked back carefully but couldn't see the other two. Then I was getting close enough to open fire, and didn't look back for a moment.

Powp!! Powp!!

The familiar sound of exploding cannon shells wracked my eardrums and my plane shook. Shrapnel banged and rattled and white tracers streamed by. For all my care, I had been surprised from behind by a second Hun!

I tried desperately to make a quick turn to evade him, but for some reason I didn't seem able to turn, and my plane was just going up in a gentle climb, straight ahead. The firing lasted only a second, but I expected it would start again. I was above the clouds just a little now, and I must get down into them for concealment!

I pushed ahead on the stick – that's how you make an airplane dive – but this time the stick just flopped limply all the way forward to the instrument panel, with no result. Elevator cables gone, I realised. Then I saw why I couldn't turn. My feet were pumping wildly back and forth on the rudder pedals and they were entirely loose too, and produced no response – rudder cables gone too!

This was bad. I could smell powder smoke, hot and strong, but it didn't make me feel tough this time. It was from the cannon shells and incendiary bullets that had hit my machine. Smoke from an incendiary bullet was curling up beside me. It was lodged in the frame of the machine and smouldering there.

My heart pounded and my mouth tasted salty, and I wondered if this was the end of the line. This was *very* bad.

I could still pull back on the stick and get response, but that didn't help because it made me go up and I wanted to go down, to get back to the safety of the clouds. If I could just get rolled over, I thought, my controls would work opposite and I should then be able to dive. The aileron controls on my wings seemed all right, and perhaps I could get rolled over. My attacker was off to one side of me, out of firing position, but I knew he would be back on my tail again in a moment. He had just overshot me and swung off to the side and would come back as soon as he could get behind me again. There might be a chance to get rolled over first, I thought, then down into the safety of the clouds below, and maybe I could land somehow.

First I jerked open the hatch over my cockpit, so that I could get away in a hurry if things didn't work out.

I had just done that when I was suddenly receiving a salvo from a third plane behind me – no doubt the other Messerschmitt. The din and confusion were awful inside the cockpit. I remember seeing some of the instrument panel breaking up, and holes dotting the gas tank in front of me.

Smoke trails of tracer bullets appeared right inside the cockpit. Bullets were going by between my legs, and I remember seeing the bright flash of an incendiary bullet going past my leg and into the gas tank.

I remember being surprised that I wasn't scared any more. I suppose I was too dazed. There was a finality about the salvo, and it lasted at least two or three seconds. Then there was a kind of silence.

I wondered if one of them was going to open up on me again.

A light glowed in the bottom of the fuselage, somewhere up in front. Then a little red tongue of flame licked out inquiringly from under the gas tank in front of my feet and curled up the side of it and became a hot little bonfire in one corner of the cockpit. I remembered my parachute, and jerked the locking pin that secured my seat straps, and started to climb out just as the whole cockpit became a furnace.

There was a fraction of a second of searing heat just as I was getting my head and shoulders out, then I was jerked and dragged the rest of the way out with terrible roughness and flung down the side of the fuselage and away all in a fraction of a second by the force of the 200 miles per hour wind that caught me. Then I was falling and reaching for my ripcord and pulling it. A moment of suspense, and then a heavy pull that stopped my fall and there I hung, quite safe if not sound.

I was surprised at how nice and substantial the parachute felt. Everything was calm and quiet, and it was hard to realise that I was only a few seconds out of a battle.

33. Spitfire pilot baling out of his stricken aircraft, 1940 period illustration.

Looking myself over I found that I was even less to look at than usual. I was aching all over, but it appeared to be mostly from bruises that I received from being dragged out of the cockpit so quickly. One of my trouser legs was torn and burned completely off, and my bare leg, which couldn't be called attractive at best, was anything but pretty now. It was bruised and skinned in a dozen places, and there was a sizable burned area around my ankle where the skin hung loosely.

But I could find no bullet wounds. Bruises and burns only – my right hand and the right side of my face were burned too. But it felt so good to be alive after what my prospects were a few moments before that I didn't mind the aches and pains.

I sighed and said aloud, feeling that the occasion demanded some recognition, 'Well, Art, this is what you asked for. How do you like it?'

But I was still in for one of the worst scares of my young life.

It was perhaps a minute or more after I bailed out. I was down under the clouds now. The sound of an airplane gliding came to me and I wondered what its nationality was. I couldn't look up, because of the way my parachute harness held me, and I couldn't see it. I knew that in the Polish campaign some Nazi pilots often machine-gunned Polish pilots who were coming down in parachutes, and I had a little moment of anxiety. Then my anxiety was changed to panic.

A staccato burst of shots sounded, and my parachute canopy quivered with each shot! It lasted for perhaps a second. I could think of nothing but that a Hun was firing at me and hitting my parachute canopy. I knew that if I pulled the shroud lines on one side it would partly collapse the canopy and I would fall faster, so I just went hand over hand up the shroud lines on one side until the canopy was two-thirds collapsed – I wasn't taking any halfway measures!

That changed my position so I was looking up and could see the canopy, and I was surprised that there didn't seem to be any bullet holes in it. Then another volley sounded and the canopy quivered in the same way, and still no bullet holes appeared in it.

Then I looked downward and discovered where the shots came from. Smoke was drifting away from an anti-aircraft battery on the ground beneath me! They must have been firing at an airplane somewhere overhead, and the concussions made my canopy quiver. I can laugh at it now, but it was really one of the worst moments of panic I've ever had.

I landed in a little oat field near a group of soldiers, who held their rifles ready as they approached, until I stood up and they could see the remnants of my RAF uniform. They started to escort me to their quarters; when I was halfway there my left knee began to give out, and they carried me the rest of the way. That was the last I walked for three weeks.

They gave me first aid in their quarters, and the boy who worked on me gave me a shock. 'You'll get about six weeks' lay-up out of this, sir,' he speculated.

'Don't be silly!' I said. 'This won't keep me laid up more than two or three days, will it?'

'Well, you've got a couple pretty nasty burns there on your leg and your hand. The one on your face isn't so bad, but the other two ought to take a month to heal. Then you'll get a spot of sick leave of course – yes, I'd make it all of six weeks before you're all fit again.'

This was something, I realised. I had expected they'd bandage up my hand and leg and give me forty-eight hours off and tell me to be careful for a day or two – that is, if they were worth bandaging at all!

The official British Air Ministry Communique issued early on the morning of 13 August 1940, stated: 'It is now established that sixty-one enemy aircraft were destroyed in yesterday's air fight over our coasts. Thirteen of our fighters were lost, but the pilot of one of them was saved.'

6
RECOVERY FROM INJURY & RETURN TO 64 SQUADRON

I found that all my burned spots were covered with some black dope, and the nurses told me that it was a new type of treatment that didn't leave any permanent scars.

There were three German pilots in another wing of the hospital who had been taken prisoner that evening, who all had burns also. When they found themselves painted with this stuff they raised an awful row, and the nurses and doctor had quite a time reassuring them that it was to heal them, and not to mark them for life! They kept putting more of it on my burns as fast as it would dry, until finally a sort of tough black scab was formed by it over each burn.

My hand and wrist gave me the most trouble, as my forearm, hand, and fingers swelled way up after a day or so and became terribly tender. Even the blood circulation made them throb, and the only way I could keep the pain under control was to have my hand propped way up high and hold it perfectly still. If I allowed my arm to rest down level, the increased blood pressure made it unbearable. The slightest quick movement caused an agony of aching, as did any quickening of the pulse – caused, for instance, by the sight of a good-looking nurse.

This hospital was near Canterbury, not far back from the south-east coast, and the big mass air raids which the Nazis were launching usually passed overhead or somewhere near. On average there were one or two every day that we could hear.

At first the sound would be like a distant storm approaching – just a heavy, distant murmuring and rumbling that gradually grew louder. It still sounded like a great wind approaching until finally, as it was getting quite distinct, little individual sounds would separate themselves from the rest. The smooth, high-pitched moan of a Messerschmitt in a power dive would rise above the rest of the sound momentarily, echoed by the sound of another doing likewise a few seconds later.

About that time we would begin to hear the barking of distant anti-aircraft guns and the sound of their shells exploding. Then as the great storm came closer the guns nearby would take up the chorus, barking fast and savagely. Then the raiders would be passing overhead with a tremendous convulsion of sound.

Sometimes they were being intercepted by our fighters already, and then we would hear vicious, cascading staccato roars from the guns of Spitfires and Hurricanes, interspersed with the banging of the cannons on Messerschmitt fighters – terrific outbursts of agonised whining from enemy Daimler-Benz engines in power dives mingled with the throaty *rhoom-rhoom-rhoom* of the Rolls-Royces on our own fighters as they milled about; and sometimes the noise of one would rise to an ear-splitting pitch as a stricken machine came diving down to destruction.

The nurses would stand by the windows watching and telling what they saw, and whenever they saw a machine come down they would tell me whether it looked like a bomber or a fighter and whether they thought it was 'one of ours' or 'one of theirs'.

Thursday of that week was 15 August, one of the days when the air fighting reached its peak. There was almost constant

34. Vapour trails in the skies above London, September 1940.

activity overhead all day. I hadn't slept well the night before and dozed a good share of the afternoon. I wasn't bothered much by pain now. My arm and hand were just as swollen and tender, but I'd learned to keep from moving them and had them propped up high. I was sleeping lightly, and I suppose the constant sound of airplanes passing overhead caused me to dream that I was flying again and on patrol. I seemed to be separated from my formation and cruising along looking for them.

Just then a Messerschmitt opened fire somewhere over the hospital – at a British plane, I suppose – with his cannon and machine guns. In my dream I suddenly saw a Messerschmitt behind me, and the firing was coming from him. Tracers were converging on my cockpit, and cannon shells exploding in my fuselage, and I grabbed wildly for the controls trying to throw my Spitfire into an evasive turn.

The dream came to an abrupt end, and I found myself half out of bed, grabbing at empty air, and conscious of about the most intense agony in my outraged hand and arm and fingers that I have ever experienced! It made me dizzy, and I cried out a little; and the pain continued quite intense even after I got settled back and had my arm where it belonged again, because my heart kept pounding for a while. It was so ridiculous that I had to laugh even while it was still paining; and Nurse Green, who heard me cry out, came in and found me half laughing and half sobbing from pain and weakness – I was very weak from shock at this time. The pain quieted down finally, and I dropped off to sleep again only to have the same thing happen again about half an hour later. After that I was afraid to let myself sleep during an air raid until my hand was better.

After about ten days I was moved to a beautiful mansion near Maidstone that had been turned into a convalescent station for officers. More pilots kept coming in here, one every day or two, so we got fresh news on how the fight was actually going. They all said the same thing: that the pilots were tired and the squadrons at times decimated, but that the morale of the pilots was good and they were shooting down a terrific number of German machines. The Nazi pilots in the mass raids seemed to be very poorly trained for the most part, and scared to death. They all said that they thought the RAF would be able to hold out if the raids didn't get a lot heavier.

My leg finally got well enough for me to walk outside and watch the air fighting from the lawns of the mansion. Most of the actual fighting was too high to see, but we often saw stricken machines coming down.

35. Nurses look after wounded RAF officers on the terrace of a hospital.

One day some of us rode out to a farm where a Messerschmitt had dived in the day before. It was in a stubble field. There was a hole about six feet across and fifteen feet deep, but the only signs of the airplane were some fragments of the wings on the ground outside the hole. The fuselage, or body, of the machine was farther down, the guards told us, and dirt from the sides of the hole had filled in above it. They estimated that the engine was down about thirty feet! The pilot had bailed out of the machine, so they probably wouldn't bother to dig it up.

Looking down into the hole, and speculating on the violence that would cause it to be made in a split second, I thought, 'It's a vicious war, all right!'

I hadn't heard from my squadron in all this time since I was shot down. I knew that the boys would come to see me if they could, but under the strain of the terrific fighting they wouldn't have time. Our squadron had had little rest even before this blitzkrieg began. They had had hard fighting all summer, having taken part in the Dunkirk battles and in the frequent clashes over ship convoys in the Channel.

I finally received a letter from our CO. The first lines gratified me, for they related that the squadron had been moved out of the fighting zone for a rest.

He touched just a little on what they had been through after I was out of it. 'They came over by the hundred, and we fought them as long as hearts and nerves could stand it!'

I wondered which of the brave lads I knew in the squadron had fought their last battles. He didn't say in the letter, and I felt

36. Burning wreck of German fighter, August 1940.

rotten because I had had to desert them in their toughest trial.

I felt proud, though, because a man who had daily gone up to do deeds more heroic than any ocean flight had remembered to write and wish me well.

I was finally released from the hospital in mid-September. My squadron had moved once again since the letter from my CO, this time to RAF Coltishall in Norfolk (12 Group of Fighter Command).

The station commander and other station personnel greeted me warmly, and it was almost like being home again. I met two pilots whom I had trained with, and who were in another squadron which was now based here. They were having lots of fighting, always against tremendous odds, but were cheerful and happy-go-lucky as ever. (One of them was killed just a few days later.)

There had been a big battle right over this aerodrome the day before, and I talked to a Spitfire pilot who had collided with a Hurricane in the melee and had been thrown clear of the wreckage and got down by parachute, unhurt. The wreckage of the two machines collided with a Dornier bomber on the way down and the Dornier had crashed with all its crew, all three machines ending up close together right near the aerodrome. He was the only survivor of the three machines, the Hurricane pilot having been killed too.

What a battle *that* must have been!

I rejoined my squadron feeling like a prodigal son and wondering if I'd be remembered; and was so warmly received I almost wanted to cry. There were many new faces, and I found the new boys to be a fine bunch, easy to get along with.

I learned that the heroism of some of the boys hadn't gone unrecognised. Three Distinguished Flying Crosses and one Distinguished Flying Medal had gone to the squadron. Our CO had been awarded the Distinguished Flying Cross and there was talk that he might get a bar added to it. He had ten confirmed victories as well as several probables. 'Orange', (Pilot Officer James O'Meara) who had six confirmed victories, and Willie, who had four confirmed, also had received the DFC. Andy, who had four confirmed, received the Distinguished Flying Medal instead of the Cross, because he was a flight sergeant and not a commissioned officer at the time, and the DFC is awarded only to commissioned officers. He had worked up from the ranks to become an exceptional fighter pilot. He had just been awarded a commission as pilot officer but wasn't living in the officers' mess yet because he hadn't yet purchased his uniform.

The squadron was resting at this aerodrome in the east of England, too far north for enemy fighters to come. There was very little to do, just an occasional chase after some lone bomber sneaking over in the clouds in bad weather.

The day we were waiting for, when we could go back to front-line fighting, was a long time coming.

Occasionally an order would come through posting one of our new pilots to one of the squadrons that were in the blitz and replacing him with a new pilot for us to train up. Then there would be a lot of goodbyes and well-wishes to the boy who was off for the front, including the oft-repeated counsel to 'watch your tail and keep your rear-vision mirror polished'.

But though we grew more and more impatient to get back into the fray no orders came for the squadron to move. I was particularly anxious to get back and even things up for my own defeat. I had no confirmed victories before being shot down myself, and as I told my friends I hated to go about with a score of minus one to my credit.

The great squadron of all Polish pilots and ground personnel (303 Squadron) joined us, having been sent up here to rest also. They had gotten 126 confirmed victories in less than six weeks, which I believe is a record for any RAF squadron in that length of time. They fought savagely, for their pilots had nothing to lose. Most of them had seen so much of murder and terror and tragedy among their people before they escaped from Poland that they didn't care to live. One night I traded one of my uniform buttons with one of their ace pilots, for one of his, and I still wear it and am very proud of it.

Gilly (Pilot Officer Ernest Gilbert) told me a great deal of how the squadron fared after I was shot down in August, for the rest of the time that they remained in the blitz. The day after I was downed had been pretty bad. He was leading the squadron's rearguard section on a patrol when they were sent to break up a raid that was forming up over Cape Gris Nez on the French coast. The squadron had sighted sixty Messerschmitts and turned to sail into them, and Gilly's section happened to be on the outside of the turn because of their rearguard manoeuvres, with the result that they got left quite a way behind.

And then the three of them were attacked from behind by nearly fifty Messerschmitts. Gilly alone of the three in his section got back. He shot down one Messerschmitt off Bud's tail, but Bud was already going down in flames, and then his own machine was being riddled from behind, by another Messerschmitt. Steam blinded him so he couldn't see, and he had to open his hatch, unfasten his straps, and stand up to see out; and that way he flew all the way back across the Channel with this Messerschmitt following him and shooting at him, so that he had to keep twisting violently one way then the other, all the time.

37. Polish fighter pilots of 303 Squadron, 1940.

Somehow his wrecked engine managed to keep going until just before he reached the coast, when it seized up, out of oil and with radiator dry of course, and he made a forced landing on the belly of his machine with the wheels retracted. The Messerschmitt pilot had exhausted his ammunition by the time Gilly's engine stopped, and he gave up the chase. Gilly's machine was riddled with bullets and completely ruined.

A day or two later Jack Mann got a bullet in his hip and his machine badly damaged, but he managed to fly back to the aerodrome. He was still in the hospital and was expected to be laid up for several months. The CO had his machine shot down in flames on one of those days, and he bailed out unhurt, although when he landed in his parachute in a small village he had a hard time convincing the residents that he wasn't a German spy who should be shot.

The climax of the week's events was the raid on the squadron's own aerodrome. They were on patrol right over the aerodrome, trying to intercept a German formation at twenty-five thousand feet, when another big formation of bombers attacked the aerodrome from low altitude. The squadron dived straight down at more than 600 miles per hour and sailed into the bombers. Altogether they shot down ten bombers with no casualties to themselves.

Gilly got one of them, a Heinkel. He got it away from its formation and the pilot must have been pretty good, for when Gilly attacked he did all sorts of acrobatics with the big machine to evade him. Gilly followed, shooting whenever he got a chance, and finally caught him in a stalled turn and gave him a good long burst that finished him, and the Heinkel turned over and dived straight down in from about five thousand feet, bursting into flames when it hit.

Other squadrons that joined the fight shot down eighteen German planes and the ground defences got two, which with the ten our squadron got made a total of thirty machines and crews that the raid cost the Luftwaffe.

And then it came! Forty-eight hours' notice for the squadron to move to a famous aerodrome on the outskirts of London! Jubilantly as always, if occasionally a bit grimly, we bade goodbye to our friends and to our comparatively secure life here, and prepared to move back to the battle zone!

7
FIRST KILL

It's always a big event when a squadron moves. While twelve pilots are all that fly in a squadron at one time, it also has its own personnel of mechanics and helpers who move with the squadron; its own office and staff, a 100 per cent reserve of pilots and a 50 per cent reserve of airplanes, as well as all sorts of equipment and spares. The total personnel is well over 200.

Next day we moved. Three of our reserve airplanes were ready to go (there were six in reserve but the other three were undergoing maintenance) so we flew down as a squadron of fifteen instead of the regular twelve.

The station personnel at our new aerodrome greeted us warmly. We were replacing a squadron which had been there through most of the blitz and were being moved up north to rest just as we had been in August.

With wisdom born of previous moves I made a beeline for the officers' mess as soon as I was free, and 'signed in'. The best rooms are first come first served, and I got a very nice double room for myself and Jonah, with whom I'd arranged to room. Jonah was going on leave shortly and was to get married, so he'd be living out most of the time; but he would want a place in the mess to keep his flying equipment and some of his clothes, and to sleep nights when he had to be on duty early in the morning.

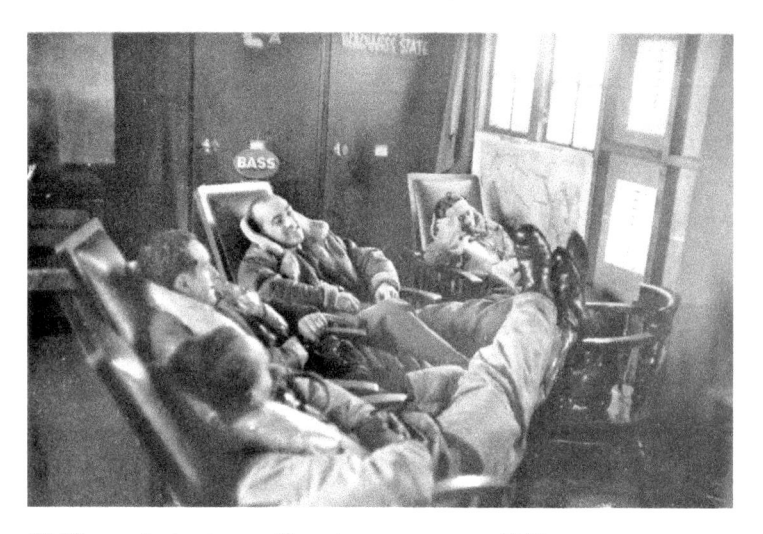

38. Pilots relaxing in an officers' mess, summer 1940.

A second Spitfire squadron was stationed at this aerodrome, and I found that their CO had been a roommate of mine in the hospital in August. In peacetime he had been a world-famous athlete.

Our first shift at readiness was to be from dawn to one o'clock the next day.

I went to bed that night with mingled feelings of tenseness and fear, of course, and a kind of fierce joy.

Getting my machine ready next morning, I practically made a ceremony of giving my rear vision mirror an extra going over with my handkerchief. The memory of the month I'd spent in hospitals for not watching my mirror was still quite fresh in my mind.

This aerodrome was equipped with a loudspeaker system, with speakers on all the buildings, and about nine o'clock a voice boomed over them: 'Squadron take off. Patrol base at ten thousand feet!'

Three minutes later we were in the air and climbing in squadron formation to the altitude ordered. Further orders followed over the R/T; Control was trying to bring us into contact with some enemy planes that were approaching London. Finally, in the distance south of and above us we saw, among some puffs of anti-aircraft smoke, several enemy fighters scurrying about, very tiny in the distance. We climbed after them and they turned back. We weren't able to catch them because they had the advantage in height and we lost speed in climbing; and after following them out to the east coast and part way across the Channel we were ordered back to land. It was a nice little exercise, giving the new members of the squadron a chance to see what the new area of operations looked like and giving the rest of us a chance to refresh our memories of it.

We had only been on the ground a short time when we were off again under orders to join another squadron and fly with them, the two squadrons together making a wing, with ourselves leading.

It sounded as if something big might be up. We picked up the other squadron at about ten thousand feet over the aerodrome, and after they were in line behind us we started climbing. Then our controller's voice sounded in our headphones: 'Steer towards Ramsgate and climb to twenty-five thousand feet.'

Ramsgate is a town on the south-east coast, a few miles north-east of Dover. We climbed steeply and nearly wide open. It was a dark morning, with the sky covered by a high overcast. We entered the overcast at about eighteen thousand feet, and it proved to be a sort of heavy haze, from which we emerged at about twenty-three thousand. About that time Control's voice came again with another order.

'In a couple of minutes I will give you a new course to steer that will lead you toward an objective. There are Junkers 87 and Messerschmitt 109 aircraft approaching this objective.'

My heart began to pound as I switched on my gunsight, removed the cover from my firing button and turned the safety ring on the button to the position which read 'FIRE'. The news that there were Junkers 87s involved filled me with anticipation. Those are the 'Stuka' dive-bombers that were so terrible in their attacks on the armies in France. They hold no terrors for British fighter pilots, for they are the most vulnerable of all the standard German machines. Pilots who have been fortunate enough to engage them usually report that a two- or three-second burst of fire is all that's necessary to bring them down, and they are so slow and big that they are easy to hit. I'd never engaged anything but enemy fighters before, and the prospect of finding something easy was inviting.

Putting two and two together, I guessed that our 'objective' must be a ship convoy and the Junkers 87s would be coming to dive-bomb it. The 87s got treated so badly whenever they came over England that the Nazis hardly ever used them now except against shipping. The Messerschmitts would be accompanying the Junkers 87s as an escort to protect them from our fighters.

A moment later we were ordered to steer a course of 45 degrees and lost height quickly to five thousand feet. We headed north-east and began diving at about a thirty-degree angle, back into the haze, and just then someone in the squadron called over the R/T, 'Bandits ahead and above us!'

Sure enough, the queer little figures of about twenty Messerschmitt 109s were streaking towards us from in front, passing right over us and so close that we could easily make out details of their markings. It was almost like seeing old friends

39. Ju 87 'Stuka' dive-bombers in flight, summer 1940.

again. They were painted very dark grey, with their black crosses outlined in white so they could be seen against the grey, and their noses, clear back to their cockpits, were a dull yellow. In the summer they had all been almost white, or light blue-grey.

'Keep formation! Keep formation!' Our CO's voice warned us. 'Stay in formation and let them alone!'

I caught on. This was a Hun trick to keep us diverted up here while the raid was going on down below. As these Huns were above us we would be at a disadvantage in attacking them anyway. We kept going downward, and they turned around after they were behind us and followed us down very half-heartedly, not getting close enough to attack.

We broke through the haze and saw we were out over the sea. Far below and ahead were the dim outlines of a long line of ships, and we began to dive very steeply. Our speed was terrific, and my controls were becoming rigid from it. Tiny gnat-like figures were milling about over the sea near the distant convoy, and the air around there was peppered with black puffs of smoke from anti-aircraft guns. A good-sized battle must be in progress.

Our CO led us in a gentle diving turn at the last, curving around toward where most of the airplanes seemed to be. It was dull and murky out here, and hard to make out at any distance what kind of machines they were. There were no formations now, just dozens of airplanes scurrying about in ones, twos, and threes.

I strained my eyes to identify the nearest ones, and finally discerned the square-cut wing tips of Messerschmitts. Then we were closing down into a swarm of them and we could see they were all Messerschmitts, and our CO's voice seemed calm and almost nonchalant in all the confusion of speed and noise and emotions as we heard him call out the battle cry once more. 'TAL-L-LY–HO-O!'

We overshot the first enemy machines because we had too much speed left from our dives, and turned back toward them, breaking formation as we did so in order not to hamper one another. Trying to remember to be careful, I kept close watch on my tail as I swung around toward the Huns. In the distance I saw one coming straight toward me, head-on. Under such circumstances it's best to keep heading directly at the approaching machine, not giving way until the last instant. If you turn ahead of time while the other is still heading toward you, he gets a good shot at your exposed flank while you cannot shoot at him at all because you've pointed your airplane away from him and your guns point with your airplane.

This Nazi must have panicked when he recognised my machine as an enemy, and that was probably fatal for him. For he started turning away from me when we were still about five hundred yards apart. I could hardly believe my eyes as I saw myself presented with the easiest shot I'd ever had – at his unprotected side. The pilot is protected from the front by his engine and from the rear by his armour; but there is no protection from bullets from the side.

When we were about four hundred yards apart and he had turned about 15 degrees I opened up on him, allowing for his speed and aiming just ahead of his machine. Once more I was sensing the terrific thrill and sense of power that come from the sound and feel and smell of one's guns in combat.

He kept turning and exposing himself even more to me as we closed together, and at the last I was just firing point blank at him and had to jerk back on the stick to avoid ramming his machine, and passed over his tail. Just then I saw two other Huns on my right and went on the defensive again, trying to be careful. They turned away from me, and I swung back to see what became of my victim; I couldn't find him and as we were so low over the water I thought I knew where he had gone.

Then I turned back toward the other two, but they were heading homeward and were too far away for me to overtake. I climbed up a little and headed toward the convoy, hoping to find some more trouble. On the way I met three 109s in formation, heading homeward. They ignored me and I let them alone too, remembering that the last time I had attacked three enemy fighters singly I got shot down myself. Besides, I still had Junkers 87s in my head. That's why I was heading toward the convoy, as I thought they would be trying to bomb it.

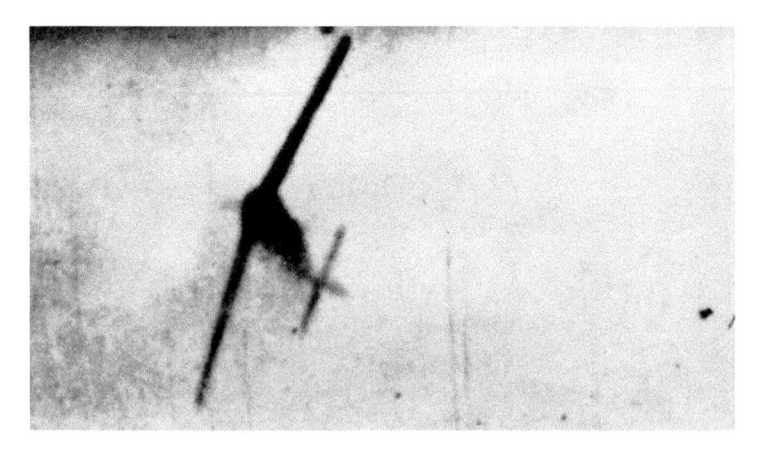

40. Gun-camera film from a Spitfire, showing hits on an enemy Me 109 fighter, September 1940.

I had been four or five miles from the convoy when I attacked the Messerschmitt. Going to the convoy and circling it, I investigated and was investigated by various aircraft that I saw; but they always turned out to be Spitfires or Hurricanes when we got close enough for identification. I just couldn't find any more Huns at all.

There's something amusing about the way fighter pilots investigate each other under such circumstances. It reminds me of the way two strange dogs approach each other – very much alert against any hostile moves, circling sideways around each other until they decide whether or not they're going to be friends. Two fighters will approach and start circling each other while they get closer, neither one giving the other any advantage and each ready to change the gentle turn he's making into a vicious pirouette to get on the other's tail if he proves hostile; until finally they are close enough to identify each other's machines. At times of poor visibility like this we are especially careful.

I flew up and down the length of the convoy for several minutes, hoping to find some more enemies, but all I found were other Spitfires and a few Hurricanes, all doing what I was. The enemy had apparently fled completely.

I watched the ships to see if any of them had been damaged in the raid, but could only see one that looked as if it had been hit; and it was sailing right along in its place.

Finally, satisfied that there weren't any more enemies about, I headed homeward, joining on the way three or four other boys of the squadron who were drifting toward the aerodrome too.

Taxiing my Spitfire to its position on the edge of the field I saw mechanics grinning as they observed the tattered bits of yellow cloth fluttering from the leading edges of my wings around the gun holes. This was all that remained of the cover patches over these holes, the rest having been shot away, as occurs each time the guns are fired. The mechanics always watch for this on each machine as it taxis in from a patrol, to see if these covers have been shot away indicating a fight. They are fully as interested as we are in the accomplishments of the squadron, in which they play such a highly important part. Armourers made haste to remove the plates above and below the guns, in my wings, as soon as I stopped taxiing, so that they could check the guns and install fresh ammunition belts. The kid who helped me out of the cockpit asked, 'Did you get anything, sir?'

'I think I got a 109, but I doubt if I'll get it confirmed.'

Excitement filled the air, as always after a fight. When pilots return from a 'show' they are in a hurry to get out of their machines and meet the other pilots and find out what each knows about what happened as a whole, and how each made out.

Each individual pilot usually knows little of the whole of what happened after the leader's cry of 'Tally-ho'. He careers about, cramped in his little tight cockpit with limited visibility, seeing little of what goes on except in his immediate vicinity, watching his tail against surprises, evading Huns that get behind him and attacking others when he is in a favourable position to do so (and other times too, if he chooses); but like one bee in the middle of a swarm he doesn't get much idea of what has happened as a whole. The fights usually spread out over too big an area. When he can't find any more enemies or runs out of ammunition or low on fuel, or when his machine is damaged, he returns home.

Most important question of all is, 'Is everybody alright?' – meaning the other pilots. Often that question can't be answered for a while. It is common after a good scrap for one or two or even more planes of a squadron not to show up at the aerodrome; but there can be a number of reasons for that. The pilot of one may have had to land at another aerodrome, having run short of fuel or lost his bearings in the fight. Maybe he had to make a forced landing somewhere, with his radiator punctured or his engine damaged by bullets or cannon shells. He may have had to 'bail out' with his machine on fire or out of control. In any of these cases the news is likely to be slow in coming through. And of course sometimes the heartbreaking word finally comes through that one of the familiar faces in the mess is now but a memory to us and his loved ones; in which case, when we have time, one or two of us who knew him well can spend an hour or so going through his belongings and personal effects, packing them and sending them home.

That way his room will be empty for someone else to occupy without delay. We try to keep sentiment to a minimum; we're all in the same boat more or less, and where he's going he'll find plenty of friends who got there ahead of him.

This time there were no casualties of any kind in our squadron, and everyone got back to the home aerodrome without mishap. Jack Mann and Chaddy had had some shots at a 109, and Jack was very proud of a bullet hole the mechanics found in his rudder. Our CO had damaged another 109, and one or two of the other boys had had shots. We hadn't accomplished much, all told, but several new pilots had been brought through their first fight safely, which was important. The whole story of the fight revealed that we were a little late in arriving, which explained why we didn't have more to do.

A large formation of these Junkers 87 'Stukas', escorted by Messerschmitt 109 fighters, had approached the convoy, and two squadrons of British Hurricanes had intercepted them first before they got to the convoy. The Hurricanes shot down seven of the 87s and most of the rest fled. Only a few got through to drop their bombs. The Messerschmitts then staged a sort of hit-and-run attack on the Hurricanes, and we got there just when they were running.

The Hurricanes shot down three or four of the Messerschmitts too, but they lost two of their own machines and pilots in the last part of the scrap. Jonah saw one of them go down. He first saw it making for shore with steam and glycol streaming back from the radiator, but it appeared to be under good control and he thought the pilot was trying to make a forced landing on the beach. Then just as it reached shore and was about a hundred feet up it nosed straight down and dived into the ground and went up in flames.

41. 'Stuka' dive-bombers attacking a convoy, wartime illustration.

In the afternoon after our combat I saw a mechanic doping new fabric covers over the holes in the wings in front of the guns on my airplane, to replace those that were shot away. 'You're wasting your time doing that!' I told him cheerfully.

He replied, 'I hope you're right, sir.'

I expected to be using my guns often now, but in this I was mistaken. The Luftwaffe was in the process of abandoning the mass day raids, and what raiding they did now was cautious, and on a small scale. The great air offensive which they had boasted would destroy the Royal Air Force and pave the way for the scheduled German invasion of England was entering its final and ignominious stages.

I have often heard doubts expressed that the RAF's accounts of our own and enemy losses could be correct. The abandoning by the Nazis of these mass raids should be proof that RAF accounts of casualties, which showed that the Nazis lost at least four times as many airplanes as we did, could not have been exaggerations.

At the beginning of their air onslaught the Luftwaffe outnumbered us several times over. England admitted it, and Germany boasted of it. They deliberately announced their intention to wipe us out, as a first step to bombing freely and preparing for and supporting the invasion of England which they promised, and which is necessary for them ever to win this war.

The Royal Air Force had to maintain an overwhelming ratio of victories to losses in order to continue to exist! – and in order for England to continue to exist, too, for that matter. If the Huns could have destroyed even half as many British machines as they lost themselves, it would have paid them to continue the mass raids until the RAF was wiped out, for they (the Huns) would still have plenty of airplanes left. The fact that we still existed after the mass raids were abandoned proves that we must have maintained at least a four-to-one ratio of victories to losses; and the fact that the Nazis abandoned the mass raiding was an admission that, in spite of their tremendous numerical superiority, they were losing a bigger percentage of their air force than we were losing of ours. In other words, their big air force was being worn down faster than our little one!

ABOUT THE EDITOR

Hannah Holman is the author of the bestselling *Titanic Voices* ('Heartstopping accounts' JULIET GARDINER, *BBC History Magazine*). She is currently editing *The Tommies Manual*, also for Amberley. She studied English Literature at the University of Birmingham and works for a City firm managing public sector assets.

EDITOR'S NOTE & ACKNOWLEDGEMENTS

This book is an extract from a longer memoir by Arthur 'Art' Donahue, one of the few American pilots to fly in the Battle of Britain. This book was chosen because it was originally aimed at an American audience and hence assumed very little knowledge on the part of the reader, and a lot about the RAF was new even to Art, which meant he explained many things about being an RAF fighter pilot in a very straightforward manner, making it an ideal introductory history of life as a Battle of Britain pilot.

In Donahue's original book pseudonyms or nicknames were used when describing his fellow pilots for security reasons as the book was published in wartime and the censor demanded this. Where it has been possible to research and identify their real names I have replaced the pseudonym with the real person. This has not been possible in all cases; Bud, Chaddy, Jonah, Willie and Andy, we may never know who you really were!

What became of the pilots mentioned in this text? Arthur Donahue accounted for two enemy aircraft before being killed in action (KIA) in 1942; his body was never recovered. The rear-guard pilot shot down and killed at the end of chapter 3 was Sergeant Lewis Isaac. Peter Kennard-Davis was KIA on 10 August 1940. Ernest 'Gilly' Gilbert, one shared kill in 1940, survived the war. Jack Mann, four kills in the Battle of Britain, survived the war. James 'Orange' O'Meara, seven kills in 1940, survived the war. Aeneas MacDonnelly, Squadron Leader & CO of 64 Squadron, eleven kills in the Battle, survived the war.

LIST OF ILLUSTRATIONS

1. RAF and Luftwaffe fuselage markings. Courtesy of Jonathan Reeve JR2524b118fp470 19391945
2. The Dornier 17 'Flying Pencil' bomber. From the Battle of Britain monument (Victoria Embankment, London) sculpted by Paul Day, photo courtesy of Jonathan Reeve
3. Hurricane pilots from 249 Squadron RAF North Weald (11 Group), 21 September 1940. Courtesy of Jonathan Reeve JR1453b79p2&3 19391945
4. Spitfires over Kent, July 1940. Courtesy of Jonathan Reeve JR2490b113p55
5. Aerodrome with camouflaged hangers, 1940 period illustration. Courtesy of Jonathan Reeve JRb594p
6. Spitfire in flight, 1940s period illustration. Courtesy of Jonathan Reeve JR2421b110p24 19391945
7. Hurricane, August 1940. Courtesy of Jonathan Reeve JR1208b71pic3 19391945
8. Cockpit of a Spitfire, 1940. Courtesy of Jonathan Reeve JRb543p263
9. Remains of a Junkers Ju 88, shot down 13 August 1940. Courtesy of Jonathan Reeve b577p13t
10. A Ju 88 flying in formation, summer 1940. Courtesy of Jonathan Reeve JRb539 026
11. Messerschmitt Me 109 fighter from a 1940 British Ministry of Home Security aircraft recognition book. Courtesy of Jonathan Reeve b561p12
12. Richard Jones, fellow 64 Squadron pilot of Arthur sitting in his Spitfire in 1940. Courtesy of Jonathan Reeve JR2399b109pic3 19391945
13. The famous 'legless' Squadron Leader Douglas Bader with his fellow pilots, 1940. Courtesy of Jonathan Reeve
14. Me 109s in France, summer 1940. Courtesy of Jonathan Reeve JRb539 037
15. Me 110s in flight, summer 1940. Courtesy of Jonathan Reeve JRb539 048
16. Dornier 17 bombers flying in formation, summer 1940. Courtesy of Jonathan Reeve JRb539 028
17. A Heinkel He 111 bomber being prepared for a raid, summer 1940. Courtesy of Jonathan Reeve JRb539 020
18. Junkers Ju 87 'Stuka' dive-bombers, summer 1940. Courtesy of Jonathan Reeve JRb539 036
19. Battle of Britain pilot with helmet and oxygen mask, July 1940. Courtesy of Jonathan Reeve b576p244ml
20. Pilot in 'Mae West', summer 1940. Courtesy of Jonathan Reeve b568fp50
21. Me 109s flying low over the White Cliffs of Dover, summer 1940. Courtesy of Jonathan Reeve JRb539 040

22. Heinkel He 111s in formation on a raid, summer 1940. Courtesy of Jonathan Reeve JRb539 010
23. 1940 illustration of a Spitfire attacking an Me 109 in the Battle of Britain. Courtesy of Jonathan Reeve JR2304b102p4 19391945
24. A Hurricane fighter being refuelled and rearmed, July 1940. Courtesy of Jonathan Reeve JR1237b71pic17 19391945
25. A badly shot-up Hurricane, August 1940. Courtesy of Jonathan Reeve JRb543p316r
26. A Fighter Command operations room, 1940. Courtesy of Jonathan Reeve JR1214b69pic15 19391945
27. Pilots 'scramble' to their Spitfires. Courtesy of Jonathan Reeve b593p15
28. A Spitfire taking off, September 1940. Courtesy of Jonathan Reeve b574fp57t
29. Three Spitfires emerge out of the blinding sun in a surprise attack on Me 110s, 1940s period illustration. Courtesy of Jonathan Reeve JR2423b110p28 19391945
30. A Spitfire pilot trying to avoid cannon shells fired from an Me 109 on his tail. From the Battle of Britain monument (Victoria Embankment, London) sculpted by Paul Day, photo courtesy of Jonathan Reeve
31. A Spitfire turning in flight, 1940. Courtesy of Jonathan Reeve b581fp53
32. WAAFs about to send a barrage balloon up into the sky above London. Courtesy of Jonathan Reeve JR1202b70fp20 19391945
33. Spitfire pilot baling out of his stricken aircraft, 1940 period illustration. Courtesy of Jonathan Reeve JRb594p9
34. Vapour trails in the skies above London, September 1940. Courtesy of Jonathan Reeve JR2480b113p150 19391945
35. Nurses look after wounded RAF officers on the terrace of a hospital. Courtesy of Jonathan Reeve JR1629b82p230-1 19391945
36. Burning wreck of German fighter, August 1940. Courtesy of Jonathan Reeve JRb543p229
37. Polish fighter pilots of 303 Squadron pilots, 1940. Courtesy of Jonathan Reeve b567fp275
38. Pilots relaxing in an officers' mess, summer 1940. Courtesy of Jonathan Reeve b568fp101
39. Ju 87 'Stuka' dive-bombers in flight, summer 1940. Courtesy of Jonathan Reeve JRb539 034
40. Gun-camera film from a Spitfire, showing hits on an enemy Me 109 fighter, September 1940. Courtesy of Jonathan Reeve b574fp57b
41. 'Stuka' dive-bombers attacking a convoy, wartime illustration. Courtesy of Jonathan Reeve b563p4
42. Me 110 over the White Cliffs of Dover, summer 1940. Courtesy of Jonathan Reeve JRb539 043
43. Hurricanes flying in formation over England, 1940. Courtesy of Jonathan Reeve JR2525b118fp470 19391945

Above: 42. Me 110 over the White Cliffs of Dover, summer 1940.
Right: 43. Hurricanes flying in formation over England, 1940.

Battle of Britain Books From Amberley Publishing

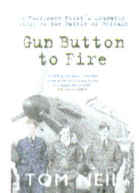

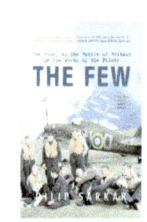

GUN BUTTON TO FIRE Tom Neil
'A thrilling new book ... Tom Neil is one of the last surviving heroes who fought the Luftwaffe' **THE DAILY EXPRESS**
£9.99   978-1-4456-0510-4   Paperback   120 illus

THE FEW Dilip Sarkar
'A captivating and frequently moving account ... anyone who wants to get an insight into the human dimension of the battle will enjoy this book'
BBC WHO DO YOU THINK YOU ARE MAGAZINE
£9.99   978-1-4456-0701-6   Paperback

SPITFIRE MANUAL Dilip Sarkar
'A must' **INTERCOM: THE AIRCREW ASSOCIATION**
£9.99   978-1-84868-436-2   Paperback   40 illus

FIGHTER PILOT Helen Doe
'Among all the many stories of the Battle of Britain, Bob Doe's stands out ... a sensitive & well researched biography' **RICHARD OVERY**
£25   978-1-4456-4611-4   Hardback

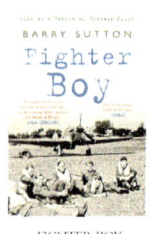

FIGHTER BOY
Barry Sutton
'A poignant & evocative account of what it felt like to be a young fighter pilot in the Battle of Britain' **JULIA GREGSON**
£10.99   978-1-4456-0627-9
Paperback   50 illus

SPITFIRE PILOT
Roger Hall, DFC
'An excellent memoir ... a lost classic'
FLYPAST
£9.99   978-1-4456-1684-1
Paperback   66 illus

SPITFIRE
Brian Lane, DFC
'A very fine and vivid account'
MAX ARTHUR
£9.99   978-1-84868-354-9
Paperback   65 illus

FIGHTER ACE
Dilip Sarkar
'The definitive account'
PROFESSOR PAUL MACKENZIE
£9.99   978-1-4456-3819-5
Paperback   60 illus

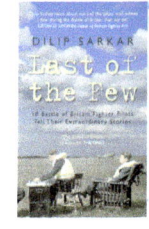

LAST OF THE FEW
Dilip Sarkar
'The Battle of Britain rethought'
THE TIMES
£9.99   978-1-4456-0282-0
Paperback   57 illus

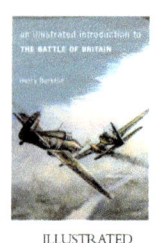

ILLUSTRATED INTRODUCTION TO THE BATTLE OF BRITAIN
Henry Buckton
£9.99   978-1-4456-4202-4
Paperback   70 illus

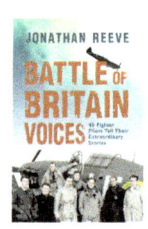

BATTLE OF BRITAIN VOICES
Jonathan Reeve
£20   978-1-4456-4264-2
Hardback   200 illus, 60 col

LIFE AS A BATTLE OF BRITAIN SPITFIRE PILOT
Hannah Holman
£6.99   978-1-4456-4468-4
Paperback   60 col illus

HURRICANE MANUAL
Dilip Sarkar
£9.99   978-1-4456-2120-3
Paperback   65 illus

SPITFIRE ACE
Gordon Olive, DFC
£20   978-1-4456-4424-0
Hardback   50 illus, 40 col

Also available as ebooks
Available from all good bookshops or to order direct
Please call 01453-847-800   www.amberley-books.com